PIERLUIGI ROMEO
DI COLLOREDO MELS

GUADALAJARA

1937

LA DISFATTA CHE NON CI FU

ISE-008

Who controls the past controls the future.
Who controls the present controls the past.

George Orwell, 1984.

ISBN: 978-88-9327-2223   2a edizione ricevuta, corretta e ampliata: Marzo 2017

Title Guadalajara 1937- La disfatta che non ci fu (ISE-008)
By Pierluigi Romeo di Colloredo Mels

Editor: SOLDIERSHOP PUBLISHING. Cover & Art Design: L. S. Cristini.

Prima edizione a cura di Associazione Italia Storica

In copertina: cartolina dedicata alla campagna di Bilbao , 1937 disegno di Iaturi.

INDICE

PREMESSA

Le truppe del Corpo Truppe Volontarie inviate in Spagna da Mussolini nel 1936 furono tra i migliori reparti di tutta la guerra civile spagnola, ma di esse troppo spesso ci si ricorda solo per la sconfitta subita a Guadalajara, dimenticando le ottime prestazioni durante il resto della guerra.

Guadalajara, insieme al bombardamento di Guernica, è una delle leggende più radicate e meno storiche nate nella guerra sino ad allora più seguita da reporter e giornalisti. E come le due Guerre del Golfo del 1991 e del 2004 la guerra di Spagna abbonda di falsi scoop, di invenzioni della propaganda, di falsificazioni della realtà: si pensi alla foto di Robert Capa del Miliziano che scivola fatto passare per morente, al quadro di Picasso rappresentante una corrida che diviene *Guernica*[1]... Falsificazioni da una parte e dall'altra, ed è una falsificazione che dura tutt'ora, a dispetto della disponibilità di eccellenti lavori come quello pubblicato dai generali Rovighi e Stefani per l'Ufficio Storico dello Stato Maggiore dell'Esercito.

Innanzi tutto l'offensiva italiana viene presentata come volta, nientemeno, all'occupazione di Madrid: ciò non soltanto falso, ma assurdo: nessuno, tantomeno un generale accorto come Francisco Franco, avrebbe potuto pensare di conquistare la capitale spagnola con forze così esigue, specialmente dopo l'esperienza dell'inverno del 1936. Scopo dell'operazione, era, in realtà, l'eliminazione del saliente tra il Rio Jarama a sud e Jadraque a nord. Una volta rescisso detto saliente, con il concorso delle truppe spagnole dello Jarama, Madrid sarebbe risultata totalmente accerchiata e sarebbe stata assediata da tutti i lati. Ma la presa della città non è mai rientrata, qualsiasi cosa sia stata detta dai propagandisti filo repubblicani, negli obbiettivi dell'offensiva del C.T.V..

Anche lo svolgimento delle operazioni è stato stravolto a fini politici, con risultati grotteschi.

A mo' di esempio: in rete si leggono queste perle su Guadalajara:

Lister, con un violento contrattacco, annienta la 3ª divisione "Penne Nere" del generale Nuvoloni [...].

Un'unità di Lister raggiunge il km. 97 della strada di Francia, praticamente da dove erano partiti i fascisti l'8 marzo. I legionari sono rilevati da una brigata di navarresi; negli scontri hanno perso 1.500 uomini, 1.200 i prigionieri. La battaglia di Guadalajara è finita. Sarà ricordata come la "prima sconfitta del fascismo"[2].

---

[1] Picasso, grande appassionato di corride, aveva commemorato in un suo grande quadro, che conservava nel suo studio parigino, la morte del celebre torero Joselito. Quando il governo repubblicano gli chiese un quadro da esporre all'*Exposition Universelle* di Parigi del 1937, Picasso pensò di utilizzare l'opera già dipinta in memoria di Joselito, limitandosi a qualche modifica e al cambio del titolo, che divenne appunto Guernica, e che gli venne pagato dal governo spagnolo ben 300.000 pesetas.

[2] http://www.storiaxxisecolo.it/antifascismo/Guerraspagna11.htm.

Ovviamente, si tratta di fantasie: prima di tutto, nessuna divisione italiana è mai stata *annientata* nel corso dell'intera Guerra civile spagnola, tanto meno la *Penne Nere*, formata da volontari della MVSN provenienti dagli Alpini; gli italiani al termine della battaglia rimasero padroni di venti dei quaranta chilometri conquistati, le cifre di prigionieri e perdite sono totalmente inventate. Se tutte le sconfitte del fascismo fossero state come "la prima", oggi Palazzo Venezia non sarebbe museo nazionale... Evitiamo, per rispetto del lettore, di dire cosa pensiamo di questo voler gonfiare il numero di soldati italiani morti in battaglia, rallegrandosene apertamente per motivi di fazione politica. Esemplare in tal senso è il lavoro di Olao Conforti, *Guadalajara. La prima sconfitta del fascismo*, Milano 1967, che si caratterizza per il costante disprezzo per le fonti. Conforti non giunge a sostenere, come han fatto altri, che gli italiani ebbero *seimila* morti (il doppio della cifra reale dei caduti italiani in *tutta* la Guerra di Spagna!) ma si limita a *soli* millequattrocento, rispetto ai 453 realmente caduti nella battaglia (574 comprendendo i dispersi che non risultano tra i prigionieri).

Ovviamente, in tutto questo guazzabuglio storiografico si è sempre evitato di dire come l'esisto dell'offensiva sia stato dovuto soprattutto al mancato intervento delle forze spagnole dello Jarama e di Guadarrama, che altrimenti avrebbero impedito l'afflusso dei rinforzi da Madrid contro i volontari italiani.

Un ulteriore esempio di come si stravolga la storia e si faccia strame della verità: ci si permetta citare qualche passo di un articolo di Silvio Bertoldi pubblicato sul "Corriere della Sera", non su "l'Unità", "il Manifesto", o "Liberazione", a proposito della riedizione del libro di Conforti. Già il titolo è tutto un programma:

Guadalajara, l'inizio di tutte le sconfitte di Mussolini

Guadalajara [...] il nome della località spagnola dove, tra l'8 e il 25 di marzo di quell'anno, i soldati del Corpo Truppe Volontarie (Ctv) italiano avevano subito una durissima sconfitta dalle Brigate internazionali del governo repubblicano. Tra le quali la Brigata "Garibaldi" di Pacciardi. Era la prima disfatta del fascismo ed ebbe un'eco vastissima [...]

Guadalajara rappresenta l'epilogo catastrofico di una somma di elementi che avrebbero contraddistinto la condizione militare italiana nella seconda guerra mondiale: l'improvvisazione, l'impreparazione, la presunzione di capi mediocri e tronfi di albagia, la miseranda condizione delle truppe, perfino ignare non tanto del perché combattessero, ma addirittura di dove lo facessero. Quei "volontari" richiamati con la cartolina - precetto erano stati imbarcati convinti di andare in Africa Orientale e si erano ritrovati in Spagna. Roatta, il generale che li comandava, puntava alla conquista di Madrid. Quando Franco, che avrebbe dovuto cooperare con le sue truppe all'avanzata sulla capitale, gli fece sapere di non poterlo fare a causa della sconfitta subita a Jarama, decise irresponsabilmente di procedere da solo. I soldati attaccarono sotto una pioggia a scrosci che rendeva impraticabile la strada, poi nevicò, il freddo toccò i venti gradi sottozero e i "volontari" erano sforniti di abiti adatti. Era l'anticipo di ciò che sarebbe avvenuto in Grecia, in Russia, fino all'otto settembre. Lo stesso Roatta, allora silurato, lo ritroveremo nel 1943 addirittura capo di stato maggiore dell'esercito[3].

---

3   S. Bertoldi, *Guadalajara, l'inizio di tutte le sconfitte di Mussolini*, "Corriere della Sera", 2 marzo 2000.

Non sapremmo dire se in così poco spazio abbondino più i luoghi comuni, o i falsi storici da *quei "volontari"* [...] *erano stati imbarcati convinti di andare in Africa Orientale e si erano ritrovati in Spagna* alla panzana di Franco che comunica di non poter partecipare all'offensiva. Cosa che non sta né in cielo né in terra, dato che proprio il generalissimo aveva voluto l'offensiva congiunta italo-spagnola per recidere il saliente di Madrid - ma per Conforti e per Bertoldi, come per tutta la storiografia antifascista, il vero scopo era nientemeno che la conquista di Madrid. Il *bignamino* del bravo divulgatore antifascista.

La storia, però, è ben altra cosa.

Quanto ci sia di vero lo si vedrà dall'esame dei documenti.

Abbiamo già detto come dell'impiego in linea del C.T.V., durato dal febbraio 1937 all'aprile 1939, la storiografia e la pubblicistica corrente concentrino la propria attenzione su un periodo di un mese, sino al marzo del 1937, quando avvenne la battaglia di Guadalajara, enfatizzando l'unico parziale insuccesso del C.T.V. (presentato come una batosta, una sconfitta internazionale, e via esagerando), ma trascurando i rimanenti venticinque mesi, forse per non dover dire che dalla primavera del 1937 al 1939 gli italiani in Spagna ebbero solamente successi, tanto a livello tattico che strategico, surclassando di gran lunga, quanto a prestazioni ed a risultati, tutte le formazioni militari nemiche ed alleate, sfondando il *Cinturon de Hierro*, conquistando Bilbao, Santander, dimostrandosi le migliori truppe nazionali nelle campagne di Aragona e del Levante, e costituendo il motore primo dell'offensiva di Catalogna e della conquista di Barcellona.

Fu una delle pagine più ricche di successi della storia militare italiana, ancor più degna di nota della campagna d'Etiopia del 1935-1936, anche perché di fronte i volontari avevano un avversario ben più numeroso, ben armato, motivato, dotato di una buona aviazione e con carri armati di produzione francese e sovietica di gran lunga superiori ai carri leggeri CV35 italiani, e che è ancor più sorprendente visti i risultati, non certo eccelsi, dell'Italia nella Seconda Guerra mondiale.

Ma per la storiografia di parte tutto ciò non dov'essere ricordato, pena la reprimenda di *revisionismo*: come se il fatto di ricordare le azioni militari e i risultati favorevoli del C.T.V. implicasse una qualche adesione all'ideologia fascista; il che vuol dire che se si ci si occupa della battaglia di Zama lo si faccia per una forma di razzismo verso i nord africani, o che scrivendo della battaglia di Valmy si sia dei giacobini nostalgici della ghigliottina...

Pochi argomenti sono ancor oggi tanto controversi come la Guerra Civile Spagnola.

Pochi sono solitamente trattati in maniera tanto schematica che manichea: i buoni e i cattivi.

In realtà si trattò, a costo di generalizzare, di un conflitto tra le ideologie totalitarie predominanti nell'Europa degli anni '30, carattere che si andò accentuando nel corso della guerra, quando la crescente presenza comunista ortodossa legata militarmente e politicamente all'Unione Sovietica represse le tendenze rivoluzionarie e anarchiche, bollando i marxisti non ortodossi di deviazionismo trotzkista, così come Franco impose l'unificazione dei movimenti politici fascisti, di destra e cattolici, spesso tendenzialmente in contrasto tra loro, in un'unica entità politica sottoposta al suo diretto controllo, il *Movimiento Unificado de la Falange Espanola Tradicional y de las JONS*, giungendo a far arrestare e condannare a morte il successore di José Antonio Primo de Rivera a capo della Falange, Manuel Hedilla (sentenza commutata solo per l'intervento personale di Mussolini).

Né si deve dimenticare come le grandi potenze vedessero nel conflitto spagnolo un campo di azione geopolitico fondamentale: l'appoggio francese era, ad esempio, sì legato alla simpatia politica tra il governo del *Front Populaire* e la Repubblica spagnola, ma soprattutto al non celato disegno della *Marine Nationale* di mettere le mani sulle basi navali delle isole Baleari, in vista di un conflitto ritenuto sempre più probabile contro l'Italia.

Conviene dunque lasciare da parte gli schemi ideologici.

Se è vero, come è vero, che i plotoni di esecuzione li ebbe anche Franco, e giustiziarono avversari a migliaia, compresi i preti baschi *colpevoli* di essere indipendentisti, anche per anni dopo la fine della guerra civile, tanto da scandalizzare i fascisti italiani, al punto che il non certo moderato Farinacci scrisse a Ciano:

Le barbarie rosse e nazionali si equivalgono. È una gara al massacro che è diventata quasi uno sport, è vero anche che i nazionalisti massacrarono i loro nemici e non i loro alleati in purghe interne, come a Barcellona, quando vennero scannati *trotzkisti* del POUM[4] ed anarchici delle FAI[5] dagli uomini di Stalin, inclusi gli italiani Ercoli (Togliatti), Longo, Vidali, Barontini[6].

Hitler non inviò in Spagna la GeStaPo[7], e Stalin la NKVD ed il GRU[8] sì. Stalin fornì alla Spagna Repubblicana 47 milioni di rubli, raccolti tramite il *Comintern*, cui si aggiunsero altri 70 milioni forniti direttamente dal governo sovietico, negli anni delle purghe e del massacro dei kulaki.

Secondo le stime del governo britannico, tra il luglio del 1936 e il dicembre 1938, l'Unione Sovietica fornì alla Spagna Repubblicana 250 aerei da combattimento, 1.400 autocarri, 731 carri armati, 1.230 pezzi d'artiglieria, senza contare l'armamento individuale, e senza contare le decine e decine di migliaia di tonnellate di rifornimenti e attrezzature militari di tutti i tipi sbarcate nel corso del conflitto dai piroscafi russi nei porti di Valencia, Alicante, Cartagena e Barcellona. Lo scopo di Stalin, tutt'altro che umanitario, era ovviamente di creare una repubblica "sorella" da utilizzare quale porto mediterraneo ed atlantico dell'Unione Sovietica. Il controllo del Mar Nero e della Spagna avrebbe fatto del Mediterraneo un mare sovietico.

---

4   *Partito Obriero de Unificaciòn Marxista.*
5   *Federaciòn Anarquista Iberica*
6   Sul ruolo dei comunisti italiani nelle purghe spagnole: A. Kolpakidi, *La barricata spagnola*, in S. Bertelli, F.Bigazzi, *P.C.I.: la storia dimenticata*, Milano 2001, pp. 113- 157.
7   I tedeschi non inviarono in Spagna elementi delle SS o del partito nazionalsocialista, ma solo unità militari della Luftwaffe e della *Wehrmacht*, al comando del generale Volkmann, e, per la parte aeronautica, del gen. Sperrle. Cfr. H. Hidalgo Salazar, *Ayuda Alemana a España 1936-1939*, Madrid 1975.
8   *Narodnij Kommissariat Vnutrennik Del*; Commissariato del popolo per la sicurezza interna, poi, dopo varie denominazioni, KGB; *Glavnoe Razvedyvatel'noe Upravlenie*, servizi segreti militari. Sui servizi sovietici in Spagna, cfr. C. Andrew, O. Gordiewskij, *KGB. The Inside Story of Foreign Operation from Lenin to Gorbaciov*, New York 1991 (tr.it. Milano 1993, pp. 173 segg.)

Come disse Winston Churchill a Dino Grandi,

La fascistizzazione della Spagna sarebbe un altro colpo per le istituzioni parlamentari in Europa. D'altra parte il comunismo in Spagna sarebbe un disastro più grave e più irreparabile, e bisogna augurarsi che esso venga schiacciato [...] Armando i comunisti il governo spagnolo si è assunto una tremenda responsabilità ed ha firmato il proprio decreto di morte [...] In Ispagna si rivela chiaramente la tattica del Comintern, che consiste nel favorire la nascita di un governo debole per poterlo poi facilmente rovesciare con le armi e stabilire un regime sovietico. La bolscevizzazione della Spagna sarebbe un vero disastro per l'Europa, e darebbe alle attività del Governo sovietico un nuovo impulso minaccioso per tutti i paesi. Noi dobbiamo tutti augurarci che il comunismo spagnolo sia schiacciato, e questo è indubbiamente il sentimento oggi prevalente in Inghilterra, anche se, di fronte agli avvenimenti spagnoli, siamo decisi a mantenere un atteggiamento di neutralità[9].

Queste parole di Churchill possono essere ancor oggi sottoscritte *in toto*, ancor più alla luce degli avvenimenti spagnoli prima - i massacri di sindacalisti, anarchici e trotzkisti, considerati concorrenti dei comunisti stalinisti - e poi di quelli europei ed extraeuropei del secondo dopoguerra e della *Guerra Fredda*[10].

Questo lavoro amplia e completa, per quanto riguarda la battaglia di Guadalajara, il nostro lavoro sulla Camicie Nere in Spagna uscito per i tipi di ITALIA Storica nel 2012, e che ha avuto un lusinghiero successo anche in Spagna[11], ed al quale rimandiamo per un'analisi completa della Guerra Civile Spagnola e dell'impiego delle unità del Corpo Truppe Volontarie, sia italiane che miste italo-spagnole.

Ciò che si esaminerà nel presente lavoro sarà lo svolgimento della battaglia, le operazioni, le perdite delle due parti, basandoci sulle cifre e sui documenti d'archivio e i diari di guerra delle unità del C.T.V. che chi scrive ha avuto modo di consultare presso l'Archivio Storico dello Stato Maggiore.

Al termine della battaglia di Guadalajara gli italiani, pur avendo fallito l'obbiettivo di raggiungere l'omonima cittadina, erano rimasti padroni di venticinque dei trentacinque chilometri occupati nei primi tre giorni, infliggendo all'avversario quasi il quadruplo delle perdite subite[12].

In sintesi, la battaglia può essere divisa in tre fasi.

1. Offensiva italiana e suo arresto per l'irrigidimento della difesa repubblicana e per il mancato supporto dei nazionalisti;

---

9   Winston Churchill, colloquio con l'ambasciatore italiano a Londra Dino Grandi, 8 agosto 1936, trascritto nel rapporto intitolato *Rivoluzione spagnola- atteggiamento inglese. Colloquio con Winston Churchill*, 9 agosto 1936 XV, MAE I, busta 102.
10   Si veda R. Radosh, M. R. Habek, Georgi Sevostyanov (curr.) *Spain Betrayed: The Soviet Union in the Spanish Civil War*, Yale 2001, basato sugli archivi militari sovietici.
11   P. Romeo di Colloredo, *Frecce Nere! Le Camicie Nere in Spagna 1936- 1939*, Genova 2012.
12   A. Rovighi, F. Stefani, *La partecipazione Italiana alla guerra civile spagnola (1936- 1939)*, I, Roma 1992, p.313.

2. Controffensiva repubblicana e ripiegamento del C.T.V. sulla seconda posizione;

3. Arresto della controffensiva repubblicana e successo difensivo del C.T.V.[13].

La *disfatta*, la *batosta* dei fascisti che secondo Hemingway erano fuggiti con le scarpe in mano per far prima, non esiste se non nella propaganda repubblicana dell'epoca[14].

Gli italiani restarono padroni di buona parte del campo di battaglia, fermando forze cinque volte superiori di numero, ma ciò non può far dimenticare che non sfondarono, malgrado la propaganda fatta dopo la presa di Malaga, e ciò permise alla stampa antifascista di inventare una sconfitta che non ci fu, fino a diventare parte integrante della mitologia della sinistra radicale a livello internazionale[15].

Si noterà, a ragione, che l'attenzione maggiore sarà dedicata alle operazioni dei reparti italiani rispetto a quelli repubblicani. La ragione è presto detta: da una parte i nostri interessi personali e le nostre precedenti ricerche in quest'ambito[16], e poi la minore attenzione prestata a partire dal dopoguerra alle fonti ed alla documentazione italiana da parte degli storici in buona parte filo- repubblicani, sia di quelli italiani di una ben precisa parte politica, sia di quelli stranieri, sin troppo pronti, per la mancata conoscenza delle fonti italiane o per dichiarate simpatie repubblicane, a prendere per oro colato i dati gonfiati dalla propaganda rossa; a ciò si aggiunga come le fonti repubblicane primarie (diari di guerra, etc.) siano andate in gran parte perdute a causa degli eventi bellici mentre memorie personali, rapporti di reparto, etc. siano caratterizzati da una fortissima coloritura politica e di corpo, sia verso altri reparti di altre tendenze politiche che verso gli avversari, ciò che rispecchia anche la situazione dell'esercito della repubblica e delle varie unità più o meno autonome e indipendenti che combatterono a Guadalajara, con risultati per lo più grotteschi, con cifre gonfiate a dismisura per ragioni di propaganda – lo ripetiamo, parlare di seimila, o settemila italiani morti[17], quando in tutto il conflitto i caduti italiani furono 3.036[18] non è certo garanzia di attendibilità...

---

13   Bovio 1999, p.148- 9.
14   Il romanziere americano arrivò addirittura ad affermare nientemeno che Guadalajara era *una tra le battaglie decisive della storia dell'umanità*!
15   Va notato come in pubblicazioni facenti riferimento a tale parte politica, i repubblicani vengano chiamati *"rivoluzionari"* e "insorti" e i franchisti "lealisti": il che vale a definire l'attendibilità di certi lavori: essendo la Repubblica il governo legittimo, contro cui era avvenuto *l'Alzamiento* del 1936, i *lealisti* erano i soldati repubblicani, mentre la stampa *rossa* definiva *insorti, rivoluzionari* e *faziosi*, i nazionalisti.
16   P. Romeo di Colloredo, *Frecce Nere! Le Camicie Nere in Spagna 1936- 1939*, Genova 2012, di cui è prossima la traduzione spagnola.
17   *Daily Express* del 19 marzo 1937.
18   Caduti: 272 ufficiali, 2.764 sottufficiali e soldati ,

Feriti: 981 ufficiali , 10.205 sottufficiali e soldati,

Dispersi: 9 ufficiali ,

272 militari deceduti per malattia e incidenti vari:

cfr. Rovighi, Stefani 1993, II, p. 472.

Del resto, i freddi dati numerici, che parlano di 453 morti (574 includendo i dispersi che non risultano nel numero dei prigionieri, da considerare in buona parte assassinati dopo la cattura) contro 2.200, 1.835 feriti contro 4.000, 153 prigionieri contro 363, 3 carri armati CV33 persi contro 21 tra BT5 e T26B di produzione sovietica distrutti in combattimento [19], 6 aerei abbattuti[20] contro 15[21], sono abbastanza eloquenti. Così i venti- venticinque chilometri sui quaranta conquistati all'inizio dell'offensiva restano il maggior guadagno territoriale fatto da parte dei nazionalisti nella battaglia di Madrid sino alla caduta della città nel 1939.

Se riusciremo a sfatare anche un solo luogo comune su Guadalajara, avremo raggiunto il nostro scopo.

Pierluigi Romeo di Colloredo

---

19   Dal computo sono esclusi altri tre probabili T26B; in tal caso i carri persi dai repubblicani sarebbero 24. Secondo fonti sovietiche, il 19 marzo rimanevano efficienti nove carri su sessanta: Radey 2007, p.29.
20   Tre *Fiat* CR 32 e tre *Romeo* Ro.37
21   Undici caccia, tre bombardieri, un assaltatore

LE FORZE IN CAMPO

LA REPUBBLICA

L'Esercito Popolare Repubblicano (*Ejército Popular Republicano*), dopo l'*Alzamiento*, inquadrava circa 36.000 soldati e ufficiali dell'Esercito regolare; 20.000 *Guardias Civiles* (la *Guardia Civil* venne ridenominata *Guardia Nacional Republicana*), 25.000 *Guardias de Asalto*, una milizia del ministero degli Interni costituita nel 1931 per difendere la Repubblica, e 10.000 *Carabineros*.

Le forze della Marina Repubblicana assommavano a una corazzata, la *Jaime Primero*, tre incrociatori, *Miguel de Cervantes*, *Libertad* e *Mendez Nunez*, otto cacciatorpediniere, le navi *Lepanto*, *Almirante Valdés*, *Almirante Antequera*, *Sanchez-Barcáiztegui*, *Almirante Miranda*, *Gravina*, *Jorge Juan y Escaño*, cinque torpediniere, una cannoniera, cinque guardacoste e cinque sommergibili.

L'Aviazione Repubblicana disponeva all'inizio del conflitto di circa 200 aerei di modello superato.

Alle truppe regolari si devono poi aggiungere quelle volontarie reclutate in Spagna (nelle file repubblicane militarono ben 400.000 "miliziani", oltre alle milizie anarchiche (F.A.I.) alle *milicias obreras* della *Confederacion Nacional de Trabajo* e della *Union General de Trabajo*, ai minatori asturiani ed alle milizie di partito di scarsissimo peso militare[22].

I governi separatisti basco e catalano ebbero anch'essi le proprie milizie, quali i *gudaris* e la *Ertzaintza* baschi.

Degne di nota per le loro prestazioni in combattimento furono le *Brigadas Internacionales*. Tra il 1936 e il 1937, a difesa del governo repubblicano, giunsero in Spagna volontari provenienti da 52 paesi.

Gli internazionali furono circa 40.000, ed ebbero 9.934 caduti e 7.686 feriti gravi.

I primi contingenti, organizzati dalla Terza Internazionale, entrarono clandestinamente in Spagna attraverso la frontiera francese nell'ottobre 1936 e, dopo aver ricevuto un sommario addestramento ad Albacete, raggiunsero Madrid, assediata dai nazionalisti l'8 novembre.

---

22   Per un rapido quadro di tali milizie, si veda C. Hall, *Revolutionary Warfare: Spain 1936- 1937*, Upton 1996.

La ripartizione per nazionalità dei volontari delle Brigate Internazionali è la seguente:

8.500 francesi, inquadrati, insieme ai belgi, nella XIV brigata[23],

5.000 tedeschi, battaglioni *Thaelmann e Edgar Andre, brigata Hans Heimler,*

3.350 italiani, in varie unità, tra cui i battaglioni Nannetti e Garibaldi,

2.800 statunitensi, Brigada Abraham Lincoln

2.000 britannici, British Battaillon

1.000 canadesi, btg, Mackenzie-Papineau (i Mac-Paps).

Ad essi vanno aggiunte diverse centinaia di volontari slavi, ungheresi (*Grupo Rakosi* e *Esquadron ungaro*, montato), belgi (inquadrati con i francesi), polacchi (btg. *Dombrowski*), bulgari, cecoslovacchi, svizzeri, scandinavi e anche messicani. Dal 1938 cominciarono a diventare numerosi anche gli spagnoli, tanto che alcuni reparti furono internazionali soltanto di nome, come il battaglione *Asturia-Heredia* dell'XIa brigata, mentre altri furono misti, come il *Bataillon Palafox*, ispano-polacco, comandato da ufficiali dell'Armata Rossa sovietica.

La partecipazione dei fuoriusciti antifascisti italiani, inquadrati nei battaglioni *Nannetti* e *Garibaldi*, ed in reparti minori, come la batteria *Gramsci*, fu consistente.

Oltre ad essi va ricordata la presenza in Spagna di alcuni tra i maggiori esponenti antifascisti: i comunisti Togliatti (nome di battaglia Ercole Ercoli), Luigi Longo (Gallo), Giuseppe Di Vittorio (Mario Nicoletti), Giuliano Pajetta e Vittorio Vidali (Carlos Contreras), il socialista Pietro Nenni, il repubblicano Randolfo Pacciardi, futuro ministro della difesa. Pacciardi, toscano, ex ufficiale dei Bersaglieri, repubblicano, era tendenzialmente anticomunista tanto quanto antifascista, e per questo ebbe un duro contrasto con i comandi comunisti delle Brigate Internazionali, quando si rifiutò di eseguire l'ordine di rastrellare una zona interna dove erano presenti dei trotzkisti e degli anarchici.

Egli affermò che i suoi volontari erano in Spagna per combattere il fascismo e non per fare attività di polizia politica interna.

I comunisti gli affiancarono un "secondo" politicamente più fidato, il comunista Ilio Barontini.

Tutti sapevano che Barontini in battaglia aveva avuto paura. A Guadalajara, piangendo e tremando per il terrore, aveva fatto una misera figura ed era diventato lo zimbello dei suoi uomini, scrisse il generale sovietico Lazar Stern- Emile Kleber (il Salvatore di Madrid).

---

23   La brigata comandata dal generale Walter (Karol Świerczewski), era formata dai battaglioni. *Commune de Paris, Domingo Germinal, Henri Barbusse, Louise Michel I, Louise Michel II, Marsellaise, Premiera Unitad de Advance, Pierre Brachet, Sans noms o Des Neuf Nationalités, 6 de Febrero, Vaillant-Couturier.* Dopo la battaglia di Brunete, l'unità venne ridotta a due battaglioni.

Tra gli italiani che combatterono in Spagna figuravano anche l'anarchico Camillo Berneri - assassinato dai comunisti nel 1938 - e il dirigente di Giustizia e Libertà Carlo Rosselli, tra i primi ad accorrere in Spagna.

Rosselli e Berneri già nell'agosto del 1936 costituirono la *Colonna Italiana Francisco Ascaso*, una formazione di circa 300 volontari di ogni fede politica.

In Spagna caddero dalla parte dei repubblicani 547 italiani. Ventidue di loro sono sepolti nel sacrario militare di San Antonio de los Italianos a Saragozza, mausoleo dedicato, come afferma la dedica incisa sull'arco della torre *L'Italia a tutti i suoi caduti in Spagna*.

Secondo la volontà di Mussolini i morti fascisti e quelli antifascisti non sono divisi tra loro, ma sepolti insieme.

Modestissimo fu invece il numero dei *volontari* sovietici (quasi tutti commissari politici o alti ufficiali e piloti militari), appena 557[24].

Tra i generali inviati dall'Armata Rossa in Spagna si possono ricordare il capo della missione militare sovietica Jan Berzin, e i consiglieri Malinovsky, Rokossovsky e Konev, futuri Marescialli sovietici nella Grande Guerra Patriottica del 1941- 1945, e il generale Kulik. Tra quelli che presero parte attiva alle operazioni ricorderemo il generale Dmitrij Pavlov (Pablo) comandante dell'omonima brigata corazzata, Lazar Stern (Emile Kleber) il già citato *Salvatore di Madrid*, e alcuni ufficiali di origine straniera ma appartenenti all'Armata Rossa, come il romanziere ungherese Mate Zalka (Lukaś), forse il comandante più popolare delle Brigate Internazionali, l'altro ungherese Janos Galicz (Gall), forse il più impopolare, e il generale Karol Sierczewski (Walter), poi viceministro della Difesa polacco nel dopoguerra.

Per ciò che riguarda gli aiuti stranieri alla Repubblica, contrariamente a quanto sostenuto, essi non mancarono, e non furono assolutamente insignificanti. L'U.R.S.S. di Stalin fornì alla Spagna Repubblicana 47 milioni di rubli oro (raccolti tramite sottoscrizione del *Comintern*) più altri 70 milioni di rubli forniti direttamente da Mosca. È da sottolineare a questo proposito che Stalin concesse al governo di Madrid tali somme soltanto in cambio del deposito delle riserve auree spagnole trasferite allo scoppio della guerra nella capitale sovietica, (questo oro, per inciso, non venne mai più restituito alla Spagna). Complessivamente, secondo le stime del governo inglese, tra il luglio del 1936 e il dicembre 1938, l'Unione Sovietica consegnò alla Spagna Repubblicana 250 aerei da combattimento (tra cui caccia I-15 *Chato* e I-16 *Rata* e R5 *Natasha*, bombardieri SB-2 *Katiusha*, chiamati *Martin Bomber* dagli spagnoli), 1.400 autocarri, 731 carri armati BT5 e T 26 A e B, 1.230 pezzi d'artiglieria, centinaia di migliaia fucili e bombe a mano, senza contare le decine e decine di migliaia di tonnellate di rifornimenti e attrezzature militari di tutti i tipi sbarcate nel corso del conflitto dai piroscafi russi nei porti di Valencia, Alicante, Cartagena e Barcellona.

Notevole fu anche il contributo fornito nascostamente alla causa repubblicana dalla Francia governata dal *Front Populaire* social-comunista di Léon Blum, che, tra l'altro, fornì alla Repubblica 260 aerei da combattimento.

---

24   J.L. Alcofar Nassaes, *Los asesores sovieticos en la guerra civil española*, Barcelona 1971.

Si calcola che tra il luglio del 1936 e il luglio del 1938 siano giunti, attraverso i Pirenei, al governo di Madrid 198 cannoni, 200 carri armati leggeri e medi (in parte carri *Renault* FT.17 risalenti al primo conflitto mondiale), 3.247 mitragliatrici, 4.000 camion, 47 moderne batterie d'artiglieria, 9.579 veicoli di vario tipo[25]. Complessivamente, nel corso della guerra la Repubblica mise in campo 2.461 apparecchi contro i circa 1.500 appartenenti all'aviazione nazionalista. In territorio francese vennero creati anche i centri di raccolta dei volontari e dei mercenari di tutta Europa che volevano arruolarsi nelle *Brigadas Internacionales.* Il governo francese, che pure era tra i membri del Comitato internazionale di non intervento, aggirò sempre l'embargo di armi alla Repubblica, e, durante l'offensiva nazionalista in Catalogna, fu sul punto di appoggiare direttamente i *rojos*, malgrado l'opposizione dei vertici militari, venendo trattenuto solo dalle proteste britanniche e della minaccia italiana di intervenire a propria volta direttamente, *anche a costo di iniziare una guerra europea*, come avvertì Galeazzo Ciano, aggiungendo che in caso di intervento francese in Spagna il Regno d'Italia avrebbe fatto sbarcare immediatamente due divisioni a Valencia, *anche se ciò dovesse provocare la guerra mondiale.*

La Francia, anche al di là di ragioni di affinità ideologiche, aveva infatti un fortissimo interesse strategico perché la Catalogna diventasse indipendente, sia per motivi commerciali, come grande mercato aperto alle esportazioni francesi, sia per motivi strategici: una Spagna divisa e debole avrebbe incrementato l'influenza di Parigi nel Mediterraneo occidentale, anche con la concessione di basi nelle Baleari.

Dal diario di Ciano del 15 gennaio 1939:

Le notizie dell'avanzata in Catalogna sono sempre migliori. Il generale Gambara si è felicemente assunto il ruolo di trascinare tutte le forze spagnole. Cominciano a circolare voci di un intervento massiccio dei francesi. Io non lo credo. Per intervenire adesso, nelle condizioni attuali della guerra, i francesi dovrebbero mandare molte forze, altrimenti sarebbero travolti insieme ai catalani. Non sono in grado di farlo: dovrebbero mobilitare molta gente. Poi, un paese che nello scorso semestre dell'anno precedente ha avuto quarantamila morti in più dei nati, non può permettersi il lusso di sprecare dei suoi molto scarsi figli.

Comunque è certo che se la Francia interverrà, noi faremo altrettanto. Mussolini ha detto stamani: "Se Parigi manda forze, noi sbarchiamo trenta battaglioni a Valenza. Anche se ciò dovesse provocare la guerra mondiale".

Il giorno dopo, il ministro degli esteri italiano avvisò ufficialmente di ciò anche il governo britannico, tramite l'ambasciatore inglese a Roma, lord Perth:

Vi prevengo che se i francesi intervengono in forze a favore dei rossi di Barcellona, noi attacchiamo Valenza. Trenta battaglioni in assetto di guerra sono pronti a venire imbarcati al primo allarme. Agiremo così anche se ciò dovesse determinare la guerra europea. Quindi vi prego di invitare i francesi alla moderazione ed al senso di responsabilità che è necessario[26].

---

25   Romeo di Colloredo 2012 pp.24 segg.
26   Ciano 1990, pp.240- 241.

Il comportamento ostile verso l'Italia del governo francese contribuì a rompere definitivamente il legame tra i vecchi alleati della Grande Guerra, già messo a dura prova dal conflitto italo etiopico, all'abbandono degli accordi di Stresa, ed a spingere Mussolini all'alleanza con Hitler per non rimanere isolato in campo internazionale.

Complessivamente l'esercito repubblicano diede prove alquanto mediocri, soprattutto per lo scarso valore degli ufficiali, in gran parte restati fedeli alla Repubblica perché non potevano fare altrimenti, essendosi trovati in zone deve la rivolta non era riuscita, per timore di essere uccisi, e con lo scopo di passare agli insorti appena possibile[27]. I migliori generali repubblicani, con l'eccezione di Miaja e Rojo[28], furono quelli di provenienza comunista e non militari di carriera: come El Campesino ed Enrique Lister[29].

La migliori truppe dell'esercito repubblicano furono proprio le truppe della 5ª Divisione di Lister, formate da comunisti, che diedero ottime prove, tanto che l'unità venne ampliata progressivamente, fino a raggiungere le dimensioni di un Corpo d'Armata (V). Era nato come 5° Reggimento della milizia comunista, organizzato da Lister e da Vittorio Vidali (Carlos Contrera). Secondo il Dipartimento della Guerra sarebbe dovuto essere il V battaglione di un reggimento in formazione, ma Lister rispose che era il 5° Reggimento: in pochi giorni l'unità ebbe seimila uomini, mentre gli altri battaglioni non videro mai la luce. Venne creata anche una compagnia speciale, la *Compañia de Aciero*, per *dare a tutti un esempio di disciplina*, disse Contreras-Vidali. La disciplina infatti era ferrea, con delle regole speciali, quale: *Se un compagno avanza o retrocede senza ordini, ho il diritto di spargli[30].*

Ciò rese i comunisti di Lister i più duri avversari del legionari del C.T.V., prima a Guadalajara e poi in Aragona e Catalogna.

Le milizie di partito e dei sindacati ebbero un valore assai scarso sul piano militare, ancora una volta con l'eccezione dei comunisti, meglio addestrati e disciplinati, e dei reparti formati da minatori asturiani, i *dinamiteros*, eccellenti guastatori ma dalla disciplina discutibile. Gli anarchici erano per parte loro molto motivati, ma più pericolosi per le popolazioni che per il nemico, e tendevano a disertare ed a non voler eseguire ordini impartiti da ufficiali non scelti da loro. Tuttavia nella città universitaria di Madrid riuscirono a fermare e a respingere gli attacchi delle migliori truppe di Franco, i *Tabores* marocchini ed i legionari del *Tercio*, in una lotta casa per casa che anticipò certe battaglie sul fronte orientale.

I vari partiti e le loro milizie rifiutavano di collaborare tra loro, e spesso si detestavano di più le milizie delle varie tendenze di quanto non odiassero i fascisti. Un articolo dell'agosto del 1936 pubblicato su *CNT*, la rivista degli anarchici della *Confederaciòn Nacional de Trabajo*, esprime bene le idee dei miliziani circa la disciplina militare e le gerarchie:

---

27   Il caso più emblematico è quello dello stesso generale José Miaja, di estrema destra (era iscritto alla Uniòn Militar Española), favorevole dapprima agli insorti, divenne poi il comandante repubblicano, spostandosi su posizioni comuniste.
28   Vincente Rojo, insieme a Miaja, Mola e Queipo de Llano collega di accademia di Franco, fu l'unico generale repubblicano a rientrare in Spagna durante il franchismo, dopo un esilio in Sud America durato diciotto anni, nel 1957, ed ad esser sepolto con gli onori militari
29   C. De Arce, *Militares republicanos de la guerra de España*, Barcelona. 1981.
30   Bolloten 1961, p.212.

Un membro della CNT non sarà mai un miliziano disciplinato, con una bella e gallonata uniforme, che cammina fiero e marziale per le strade di Madrid[31].

Concetti ribaditi dalla risoluzione adottata dal congresso regionale della *CNT* di Valencia:

Quando un compagno entra in una caserma della CNT deve tenere ben presente che la parola "caserma" non significa soggezione alle odiose regole militari di saluti, parate e altre sciocchezze simili, del tutto teatrali e contrarie ad ogni spirito rivoluzionario[32].

Il giornale della milizia anarco-sindacalista *Frente Libertario* si spingeva ancora oltre, mentre si combatteva alle porte di Madrid:

Non vogliamo un esercito nazionale. Vogliamo delle Milizie Popolari, che incarnano la volontà del popolo e sono le uniche forze in grado di difendere la libertà e la vita del popolo spagnolo. Come prima di questa guerra sociale, torniamo ora a gridare: "Abbasso le catene! L'esercito rappresenta la schiavitù ed è il simbolo della tirannia. Si sopprima l'esercito!"[33].

Insomma, in piena guerra l'estrema sinistra chiedeva addirittura la soppressione dell'esercito!

Le unità miliziane erano raccolte in *columnas*, formate da un numero variante di *centurias*, ciascuna formata da dieci *grupos*, ognuno dei quali comprendeva dieci miliziani. Ogni *grupo* eleggeva un delegato, con funzioni simili a caporale; a sua volta ogni *centuria* eleggeva il proprio delegato che partecipava al Consiglio di guerra della *columna*. I miliziani potevano deporre in qualsiasi momento il proprio deputato se questi avesse tentato di imporre una qualche forma di disciplina. Nella colonna Durruti, per dare un'idea, i turni di guardia venivano assegnati per sorteggio, con l'estrazione casuale di bigliettini di carta su cui veniva segnato un numero, corrispondente ad un miliziano *per non litigare, poiché tutti avrebbero voluto montare nelle prime o nelle ultime ore*[34]!

Da ricordare la presenza di miliziane anarchiche nella colonna *Durruti*, che godettero della fama di essere alquanto disponibili verso i loro compagni, ma che causarono, per via delle malattie veneree, più perdite dei combattimenti. Le ausiliarie vennero per questo motivo soprannominate *las* er un rapido quadro di tali milizie, si veda 7, Upton 1996, pp.11 *ametralladoras, mitragliatrici*.

Secondo alcune fonti, alla fine Durruti fece fucilare tutte le *miliziane* infette alla stazione di Bujaraloz, riportate come l'80% del totale[35].

---

31   *CNT*, 22 agosto 1936.
32   Pubblicato su *Fragua Social*, 18 novembre 1936.
33   *Frente Libertario* del 27 ottobre 1936, cit. in Bolloten 1961, p. 228.
34   *Fragua Social*, 8 settembre 1936, cit. in Burnett Bolloten., *The Great Camouflage. The Communist Conspiration in Spain 1936-1939*, London 1961 (tr.it. Roma 1966, p. 205).
35   Scrive José M. Bueno, il massimo esperto di uniformologia spagnola ed uno dei maggiori conoscitori della Guerra civile che *Rafael Garcia Serrano, en su libro 'Diccionario para un macuto' nos cuenta que eran llamadas por los mismos milicianos, "las ametralladoras", por el gran nùmero de bujas que causaban entre los combatientes republicanos al contagiarles infermidades venéreas. Gironella cuenta que Durruti, en la estàcion de Bujaraloz, hizo fusilar a todas las infectadas, un 80% de las que acompañaban a su culumna*: J. M. Bueno, *Uniformes Militares de la Guerra Civil Española*, Madrid 1997, p. 95.

Del tutto opposta invece l'idea di disciplina dei miliziani comunisti.

Il 22 luglio 1936 il giornale comunista *Mundo Obrero* era molto chiaro al riguardo, scrivendo che il miliziano rosso doveva rendersi conto di appartenere ad un corpo militare:

Disciplina, gerarchia ed organizzazione. Ogni uomo deve ubbidire al suo gruppo, ogni gruppo al suo organismo immediatamente superiore. Solo in questo modo il trionfo sarà davvero nostro[36].

Il danno fatto dagli eccessi degli anarchici e dai trotzkisti fu tale che nel 1937, su pressione di Stalin, e del suo proconsole Ercole Ercoli (Palmiro Togliatti) i comunisti iniziarono la liquidazione degli avversari. A Barcellona Camillo Berneri fu prelevato in casa da una *ceka* di sei comunisti, e ammazzato nella pubblica strada con un colpo alla testa. Dopo gli anarchici fu la volta dei trotzkisti del *Partido Obriero de Unificaciòn Marxista*[37]; di questa purga resta la testimonianza di George Orwell in *Omaggio alla Catalogna*. Cervello dei massacri di Barcellona furono i comunisti italiani, i più legati a Stalin: da Ercoli- Togliatti sino al triestino Vittorio Vidali (Carlos Contrera) esecutore materiale di un gran numero di esecuzioni.

L'ordine di arrestare tutta la direzione del POUM venne dato personalmente da Togliatti e da Dolores Ibarruri, la *Pasionaria*, alla *Guardia de Asalto*[38].

Vittorio Vidali - che fu implicato personalmente nell'assassino di Leon Trotzskij in Messico nel 1940 - partecipò insieme al rappresentante dell'NKVD Orlov anche all'arresto ed all'interrogatorio sotto tortura, durato trenta ore, di Andresog Nin, segretario del POUM: *dopo alcuni giorni la sua faccia non era che una maschera di sangue*[39].

Nin morì probabilmente sotto le torture, anche se Vidali disse che era stato fucilato senza che avesse parlato.

L'anarchico italiano Carlo Tresca, che era stato amico dello stalinista triestino negli anni Venti, definì il Vidali *capo di spie, traditori e assassini. Quando appare lui sento l'odore di morte. Mi domando: chi sarà la sua prossima vittima*[40]?

Tresca fu assassinato nel 1943, a New York, dove aveva fondata la *Società G. Mazzini*, da killer tra i quali c'era, quasi certamente, lo stesso Vidali, cosa data per assodata dai trotzkisti[41].

Secondo il giornale francese *La Lotte Oùvriere* del 16 maggio 1937, le vittime della *controrivoluzione borghese staliniana* furono novecento solo nei primi giorni.

---

36   *Mundo Obrero*, 22 luglio 1936, cit. in Bolloten 1961, p.210.
37   Usiamo il termine con i quali i marxisti del POUM sono ancor oggi comunemente chiamati, anche se non avevano legami con Leon Trotzskij.
38   R. Conquest, *The Great Terror*, London 1968, p. 654 della trad.it.
39   Ibid.
40   Cit. in Kolpakidi, in Bertelli, Bigazzi 2001, p149.
41   Su Vidali ed il suo ruolo nei massacri spagnoli, ibid. pp 122 segg.; *Cahier Leon Trotsky* 3, 1979. Vidali era l'amante della fotografa comunista friulana Tina Modotti.

Mussolini commentò:

Nella capitale della Catalogna, durante alcuni giorni e alcune notti, i fratelli hanno ucciso i fratelli, i cugini hanno scannato i cugini, i socialisti, insieme ai comunisti "staliniani" hanno massacrato gli anarchici e i comunisti "trotzkisti" [...]

Mentre gli anarchici sono in uno stato di terribile esasperazione contro i comunisti, costoro, dalle colonne del loro giornale, Il Grido del popolo, non solo approvano l'azione del governo catalano, ma incitano il Governo a ripulire la Catalogna dai nemici interni superstiti, che sarebbero gli anarchici, i "trotzkisti", i sindacalisti. Dopo di che l'ordine regnerà a Barcellona, come già a Varsavia!

Questo è l'antifascismo internazionale nella sua più genuina espressione: odio e sangue![42]

Le autorità repubblicane cercarono di imporre una disciplina rigida, con il ricorso frequentissimo alle esecuzioni sommarie, ma le diserzioni afflissero in modo sempre crescente i reparti repubblicani. Si pensi che sul fronte di Madrid i camion di miliziani arruolati a forza erano scortati dai *Carabineros* che provvedevano alla distribuzione delle munizioni solamente una volta arrivati in linea, per evitare le frequentissime diserzioni. I fiumi Jarama e Manzanarre erano costantemente pattugliati di notte da barconi armati per dare la caccia ai disertori.

Le brigate internazionali, inquadrate, armate ed addestrate in buona parte dai sovietici, furono le migliori unità della Repubblica, sebbene non tutti i battaglioni fossero sullo stesso piano: molto buone le prestazioni degli italiani e, meno, dei tedeschi, particolarmente motivati, dovendo combattere contro connazionali di opposta ideologia e desiderosi di vendetta, buoni i francesi e i polacchi, di nessun valore statunitensi, inglesi e canadesi, usati solo per scopi di propaganda. Francesi e statunitensi tendevano a disertare molto più frequentemente rispetto ai tedeschi e agli inglesi. Furono i tedeschi del battaglione *Thaelmann* e gli italiani del *Garibaldi* infatti a fermare prima gli spagnoli sul fiume Jarama e poi gli italiani a Guadalajara, salvando Madrid.

È scarsamente noto il fatto che durante la Guerra Civile spagnola l'anarchico italiano Malatesta creò un battaglione "internazionale" detto *Battallòn de la Muerte* (soprannominato poi *Battallòn de la Nebla* per come scomparve dandosi alla fuga al primo scontro coi Nazionalisti), che aveva come motto *Ni dio ni amor*, ispirato agli Arditi italiani della Grande Guerra anche nell'uniforme, avente come emblema teschio e tibie sul basco nero, giacca aperta, maglione nero e pugnale alla cintura; come detto nel suo primo combattimento questa unità scomparve, perdendo tutti i propri effettivi nello scontro di Santa Quiteria[43].

I volontari vennero arruolati nelle sezioni del PCF e nelle fabbriche, e trasferiti in Spagna con l'aiuto delle autorità parigine, che provvidero ad armarli con armi prese dagli arsenali dell'esercito, malgrado la contrarietà dei militari francesi, ostili al *Front Populaire* ed ai repubblicani, e preoccupati di un possibile conflitto con l'Italia a seguito della crisi spagnola. Non furono i primi volontari francesi: André Malraux aveva creato già all'inizio della guerra la squadriglia omonima, presto spazzata via dai CR32 italiani e spagnoli.

---

42   B. Mussolini, *Barcellona*, Il Popolo d'Italia n.140, 21 Maggio 1937 XXIV.
43   Josè M. Bueno, *Uniformes Militares de la Guerra Civil Española*, Madrid 1997 p.104 e tav.233. Con gli occhi di oggi, il basco nero con il teschio, il maglione nero, i pantaloni infilati negli scarponi e il pugnale ricordano molto le divise di taluni reparti della Repubblica Sociale!

Non va commesso l'errore di considerare i brigatisti soltanto come degli idealisti, ansiosi solo di combattere per le proprie idee, contro il fascismo e per la causa del proletariato. Molti reparti non ebbero che un valore propagandistico. Se, soprattutto tra i fuoriusciti italiani, ungheresi o tedeschi i volontari motivati politicamente furono evidentemente la maggioranza, un gran numero di altri si arruolò per cause meno disinteressate: la disoccupazione, l'alto premio di ingaggio[44],e, in Francia, venne data la possibilità di scegliere, per taluni reati penali, tra la detenzione e l'arruolamento nelle *Brigadas Internacionales*[45].

Che non si tratti di propaganda franchista, lo prova quanto sarisse il medesimo Andrè Marty al Comitato Centrale del *Parti Communiste Français*:

In Spagna, frammisti con i buoni militanti comunisti, socialisti, antifascisti italiani, fuoriusciti tedeschi, anarchici d'ogni pelo e d'ogni razza, sono affluiti anche centinaia di elementi criminali internazionali. E mentre parte di essi si sono limitati a vivere grassamente senza far nulla e senza combattere, molti altri hanno iniziato, approfittando del disordine, una serie di delitti abominevoli, stupri, rapine, violenze, omicidi per pura malvagità, furti, sequestri di persona ecc. Non contenti di ciò, hanno iniziato sanguinose ribellioni contro le autorità e qualcuno si è dato allo spionaggio a favore di Franco.

Nei reparti inglesi, canadesi e statunitensi, con volontari provenienti da Paesi dove la presenza di partiti marxisti era secondaria o del tutto assente, la maggior parte dei volontari, oltre che per sfuggire alla crisi degli anni '30, si arruolò per mero spirito di avventura, ciò che ne spiega il limitatissimo risultato militare rispetto ai ben più motivati *internazionali* tedeschi, ungheresi e italiani, che dopo anni di violentissime lotte contro gli uomini delle S.A. o delle squadre d'azione, dopo l'esperienza rivoluzionaria di Bela Kuhn, lo spartachismo e l'occupazione delle fabbriche, avevano subito spesso il carcere e, ora, l'esilio.

Si deve poi ricordar come, se pure non mancarono combattenti internazionali non comunisti, le Brigate furono sotto pressante controllo sovietico, e quale fosse l'unica ideologia realmente accettata lo dimostra la stella rossa a tre punte, simbolo della Terza Internazionale, posta al centro delle bandiere brigatiste, e l'uso degli uomini come polizia politica contro anarchici e trotzkisti, in quanto considerati da Stalin e dal suo rappresentante Ercoli- Togliatti politicamente sicuri. A partire dalla fine del 1937 iniziò poi un processo di crescente stalinizzazione delle Brigate Internazionali, con l'allontanamento dei soggetti non comunisti e con l'imposizione di ufficiali politici che agivano in modo analogo ai commissari politici sovietici.

André Marty, francese, prediletto di Stalin, orchestrò una campagna pubblica di caccia alle streghe contro i dissidenti trotzkisti che, a dir suo, agivano all'interno delle Brigate per distruggerle.

Andrew e Gordievskij nella loro storia dei servizi d'informazione sovietici, citano un comunista francese, che affermò che per André Marty il nemico era nelle fila delle Brigate Internazionali e in territorio lealista, più che dall'altra parte del fronte[46].

---

44   Oltre al premio d'ingaggio, la paga di un internazionale era, ad inizio guerra,di dieci pesetas giornaliere, rispetto alle due pesetas di un legionario italiano.
45   A. Castells, *Las Brigadas internacionales de la guerra de España*, Barcelona, 1974.
46   Andrew, Gordiewskij 1991, p.179.

Ogni infrazione disciplinare per il Marty non era che parte della congiura trozkista per *dividere e scoraggiare le Brigate Internazionali.*

Le esecuzioni degli internazionali ritenuti meno ortodossi politicamente gli valsero la fama di *Carnicero de Albacete*. Chiamato a Parigi dai vertici del PCF, il Marty si vantò di aver fatto fucilare oltre cinquecento brigatisti internazionali, a suo parere *colpevoli di ogni sorta di reati* e di *spionaggio a favore di Franco*[47].

I reparti di carri erano formati in gran parte da mezzi (281 carri T26 A e B[48] e 50 carri BT.5) e personale sovietici, e dimostrarono un'ottima efficienza, anche per la superiorità tecnica dei carri sovietici, specialmente i T26B, rispetto ai CV35 italiani ed ai Pz.Kf.Wg. 1 tedeschi. Oltre a questi mezzi, i repubblicani disponevano di 32 *Renault* FT 17 francesi del tutto obsoleti, e di 15-20 carri spagnoli *Trubia Naval*[49].

A Guadalajara si distinse la *Brigada de Carros de Combate* del generale Dmitrij Pavlov (sovietica, su cinque compagnie di carri T26 B), il cui attacco provocò la crisi delle Camicie Nere della 1ª divisione *Dio lo Vuole.*

---

47   D.R. Richardson, *Comintern Army*, Lexington 1982, pp. 174-175; Andrew, Gordiewskij 1991, p. 179.
48   Ben 178 T26B caddero nelle mani di Franco, che ne riutilizzarono almeno 50 in combattimento: L. Molina, J. M. Manrique, *Blindados Soviéticos en el Ejército de Franco*, Madrid 2007.
49   I repubblicani disponevano anche di un carro italiano *Fiat* 3000 acquistato negli anni '20.

LE BRIGATE INTERNAZIONALI
1936- 1938[1]

Bigate	Battaglioni	Nazionalità
XIª (ott. 1936)	1° *Edgar André* 2° *Commune de París* 3° *Dombrowsky*	Tedeschi Francesi e belgi Polacchi
XIIª (nov. 1936)	1° *Thaelmann* 2° *Garibaldi* 3ª *André Marty*	Tedeschi Italiani Francesi
XIIIª (dic. 1936)	1° *Louis Michel* 2° *Chapaiev* 3° *H. Vuillemin* 4° *Mickiewicz*	Francesi Volont. Balcanici Francesi Polacchi

XIVª (dic. 1936)	1° *Nueve Naciones* 2° *Domingo Germinal* 3° *Henri Barbusse* 4° *Pierre Brachet*	Mista Anarchici spagnoli Francesi Francesi
XVª (feb. 1937)	1° *Dimitrov* 2° *Inglés* 3° *Lincoln,* *Washington,* *Mackenzie-Papineau* 4° *6 de febrero*	Jugoslavi Inglesi Statunitensi Statunitensi Canadesi Francesi
XIIª bis (apr. 1937); CLª (giu. 1937); XIIIª (luglio 1937)	1° - 4° *Rakosy*	Ungheresi

CXXIX[a]	1° *Masaryk* 2° *Djakovich* 3° *Dimitrov*	Cecoslovacchi Bulgari Jugoslavi e Albanesi

LA SPAGNA NAZIONALE

L'Esercito Nazionale (*Ejército nacionàl*) inquadrava 7.000 ufficiali e 25.000 soldati oltre a 30.000 militari appartenenti al *Tercio Etranjero* (la *Legiòn*, Legione straniera spagnola) e alle truppe marocchine inquadrate nei *Tabores* delle *Tropas Regulares de Marruecos*, più note col nome di *Regulares*[50]. I *Regulares* marocchini erano tutti volontari, e nel corso del conflitto raggiunsero i 78.000.

A questi si sommavano i 14.000 uomini della *Guardia Civil*, 1 0.000 *Guardias de Asalto* e i 6.000 *Carabineros* passati con i ribelli.

I corazzati nazionali, il cui nucleo principale era costituito dai carri italiani e tedeschi, allo scoppio della gerra comprendevano 64 *Renault* FT17 oltre a tre carri spagnoli *Trubia* A4 totalmente inutili. Ad essi si aggiunsero nel corso del conflitto, all'incirca 50 carri sovietici T26B sui 178 catturati ai repubblicani, ed almeno un BT.5.

La Marina nazionalista era, all'inizio del conflitto, composta da una corazzata molto vecchia, la *España*[51], gli incrociatori *Almirante Cervera* e *Canarias*, cui si aggiunse poi il *Baleares*, in cantiere allo scoppio della guerra, un cacciatorpediniere, il *Velasco*, tre torpediniere, quattro cannoniere e quattro guardacoste. Le forze navali nazionali ricevettero anche un forte aiuto dalla Regia Marina italiana sotto forma di navi corsare e sommergibili che eseguirono azioni di attacco al traffico repubblicano; mentre le unità pesanti passarono, in linea di massima, sotto la bandiera nazionalista insieme a circa 7.000 uomini ed alla grande maggioranza degli ufficiali, la gran parte dei cacciatorpediniere e dei sommergibili, insieme a 13.000 uomini, rimase fedele alla Repubblica.

L'aviazione nazionale, allo scoppio dell'insurrezione, allineava un centinaio di aerei, tutti di modello molto antiquato.

A fianco dell'Esercito Nazionalista prestarono servizio contingenti di varia origine:

74.285 tra soldati, Camicie Nere, marinai e aviatori italiani,

16.000 tedeschi,

Tra 12.000 e 20.000 (?) *Viriatos portoghesi*[52], 3.350 francesi inquadrati per lo più nella *Legion Jeanne d'Arc (Bandera Juana de Arco) e nella Bandera Francesa del Tercio*,

---

50   Non consideriamo qui le truppe coloniali del Marocco spagnolo, come la *Mehalla Jalifiana* le *Tropas Nòmades del Sahara*, e i *Tiradores de Ifni*, della Costa d'Oro e di Ceuta e Melilla, ma solo il Corpo d'Armata Marocchino di Juan de Yagüe Blanco che combatté in Spagna.
51   Ex *Alfonso XIII*.
52   È una cifra del tutto indicativa e non va ritenuta certa. Le cifre circa il numero dei volontari portoghesi variano dai 30.000 di F. Nogueira ai 20.000 per H. Thomas, *no màs de 1000* secondo L. Sala Larrazabal Ci siamo basati sulla cifra di 12.000, indicata da A. Beevor, che include anche il personale aeronautico dei *Viriatos do Air* e i volontari nel *Tercio*. Certo è che non venne formato nessun grande reparto portoghese. Le prime Camicie Verdi volontarie in Spagna erano inquadrate nella *Legião Viriato* che prendeva nome da Viriato, eroe lusitano a capo della rivolta contro i romani nel II secolo a.C.; data la fama della legione, anche tutti gli altri volontari portoghesi, anche quelli del *Tercio Etranjero*, vennero denominati *Viriatos*.

700 irlandesi (*Irish Brigade, in spagnolo Bandera Irlandesa*)[53], oltre a circa duemila tra inglesi, argentini, norvegesi, iugoslavi, rumeni, ed anche russi bianchi.

In un suo studio Cristopher Othen, autore di *Franco's International Brigades*, ha calcolato come i circa 183.000 volontari stranieri (Othen include in tale cifra i *Regulares*, tutti volontari, ma ciò è secondo noi totalmente sbagliato, trattandosi di truppe coloniali regolari dell'Esercito spagnolo e quindi non erano volontari stranieri) nell'esercito nazionalista, fossero di quattro volte più numerosi quelli nell'esercito repubblicano[54], cifra che ci pare eccessiva: riducendo il numero, togliendo dal computo i marocchini, si arriva ad una cifra intorno ai 106.700, secondo noi più attendibile, e che comunque è superiore di due volte e mezza rispetto ai circa 40.000 volontari dalla parte repubblicana, un fatto passato costantemente sotto silenzio dalla storiografia di impronta antifascista.

Alle truppe regolari si affiancavano le milizie volontarie che comprendevano nel 1936 circa 6.000 *Requetés* carlisti navarresi e circa 15.000 appartenenti alla Falange ed alle J.O.N.S., oltre alle *bojnas verdes* del Movimento di Rinnovamento Spagnolo.

L'Italia, oltre ad ingenti quantitativi di materiale aeronautico e logistico, inviò in Spagna circa 6.000 uomini della Regia Aeronautica tra aviatori, specialisti ed avieri, 763 aeroplani (tra cui 418 caccia, 180 bombardieri e 112 tra ricognitori-assaltatori, addestratori e idrovolanti), 1.930 cannoni, 155 (secondo altri 149) corazzati leggeri *Ansaldo* CV33 e 35, anche nella versione lanciafiamme, 8 autoblindo Lancia, oltre 240.000 fucili e moschetti '91/38, 1.072 mitragliatrici, e 7.663 automezzi.

L'Aviazione Legionaria fu la migliore aviazione delle due parti in lotta.

I piloti italiani abbatterono 903 aerei avversari in combattimento (tra i quali 242 I-16, 240 I-5, 48 SB-2 e 14 *Potez* 540[55]).

L'Aviazione Legionaria perse a sua volta 147 velivoli, di cui 68 in combattimento, 21 per contraerea, 7 distrutti al suolo, 3 CR32 catturati per un errore di rotta, gli altri apparecchi andarono perduti per incidente[56]. I piloti italiani decorati di Medaglia d'oro in Spagna furono 54, oltre a due medaglie conferite all'asso nazionalista maggiore juan Garcia Morato ed al capitano Carlos Haya Gonzales.

Gli assi furono:

Mario Bonzano   con 15 vittorie

Adriano Mantelli   12

---

53   La *Irish Brigade* fu organizzata da Eoin O' Duffy, Capo di Stato Maggiore dell'I.R.A. durante la guerra contro gli inglesi, e generale nella Guerra Civile del 1922- 23; fu anche il creatore delle *Blue Shirts* e leader del partito fascista irlandese *Fine Gael*. O'Duffy descrisse l'impiego della *Irish Brigade* nel suo *Crusade in Spain*, pubblicato a Dublino nel 1938.

54   C. Othen , *Armed Tourists. A Bare Bones Guide to Foreign Volunteers in the Nationalist Army during the Spanish Civil War (1936-39)*, in http://www.brightreview.co.uk/ARTICLE-Armed-Tourists.html. Othen crede erroneamente che i militari italiani (prob. intende la divisione *Littorio*, formata dal personale del Regio Esercito) fossero precettati e non volontari come in realtà erano.

55   C. Shores, *Spanish Civil War Air Forces*, Oxford 1977, p.50. Sono esclusi dal computo gli aerei abbattuti dalla contrarerea o distrutti al suolo.

56   F. Pederiali, *Guerra di Spagna e Aviazione Italiana*, Pinerolo 1989, p.372.

Corrado Ricci	10	
Guido Nobili	10	
Carlo Romagnoli		9
Giuseppe Cenni		6
Granco Lucchini	5	
Enrico degli Incerti	5	

Nel corso della guerra di Spagna, i piloti italiani totalizzarono 135.265 ore di volo, compiendo 5.318 azioni di bombardamento, nel corso delle quali vennero sganciate 11.524 tonnellate di bombe e spezzoni .

Alcune unità della Regia Marina vennero impegnate in azioni costiere e di interdizione della marina repubblicana. Nel febbraio 1937 gli incrociatori *Eugenio di Savoia* ed *Emanuele Filiberto*, senza inalberare alcun segno che ne denunciasse la nazionalità, bombardarono dal mare le città di Barcellona e Valencia. L'incrociatore *Barletta*, bombardato da velivoli dell'aviazione repubblicana, conterà i primi sei morti della Regia Marina in Spagna.

Nel canale di Sicilia, nel tentativo di interrompere il flusso dei rifornimenti russi, vennero impiegati gli incrociatori *Armando Diaz* e *Luigi Cadorna*. L'uso di unità di superficie rischiava, come è facile intuire, di rivelarsi troppo pericoloso per l'Italia, potendone facilmente compromettere la posizione in campo internazionale, coinvolgendola in un conflitto nel quale, ufficialmente, gli italiani rimasero sempre neutrali; venne perciò preferito l'impiego dei sommergibili.

Lungo le coste spagnole vennero impiegati trentasei sottomarini italiani in una serie di attività che andavano dall'interdizione del traffico repubblicano al bombardamento notturno delle coste. Attività di interdizione al traffico navale sovietico, diretto in aiuto ai repubblicani, violando l'embargo, venne poi svolta in Mediterraneo Orientale, dove i sommergibili italiani facevano base nelle isole del Dodecaneso.

Alla Marina nazionalista furono ceduti in prestito i sommergibili *Ferraris*, *Galileo Galilei*, *Onice* e *Iride* che vennero inquadrati nella *Armada nacional* solo per alcuni mesi e fecero rientro in Italia nel 1938[57].

La Germania nazista fornì alla Spagna di Franco 122 carri armati leggeri Pz.Kf.Wg. l (i Pz.Kf. Wg. 2, contrariamente a quanto sostenuto da alcune fonti non risultano aver operato in Spagna), e cannoni controcarro da 37 mm, batterie antiaeree equipaggiate con pezzi da 88 mm, batterie da 105 mm, mitragliere da 20 mm, mortai da 80 mm.

Vanno poi aggiunti i 542 velivoli (di cui 246 caccia, 189 bombardieri e 107 tra trasporti ricognitori e idrovolanti) che andarono a formare la *Legion Condor* nella quale militarono numerosi di piloti e specialisti della *Lutfwaffe* oltre a personale di artiglieria e dei corazzati.

---

57   Dati ripresi da D. Lembo, *La partecipazione italiana alla guerra di Spagna*, http://www.ariannaeditrice. it/articolo.php?id_articolo=18392. Recentlssimo sull'argomento è I. Recalde, *Los submarinos italianos de Mallorca y el bloqueo clandestino a la República (1936-1938)*, Palma de Mallorca, 2011.

I 16.000 tedeschi della *Condor* diedero complessivamente una buona prova di sé, pur senza raggiungere il risultato degli italiani L'aviazione tedesca, da poco ricostituita da Göring dopo il diktat di Versailles, non aveva raggiunto ancora i livelli addestrativi degli anni successivi, come si vide a Guernica nel 1937. Nel corso delle incursioni sulla cittadina basca l'Aviazione Legionaria colpì l'obbiettivo assegnato, il ponte di Guernica, mentre i piloti tedeschi, forse impediti nella mira dal fumo, gettarono le bombe a caso, creando gravi danni poi enfatizzati dalla propaganda repubblicana, che inventò migliaia di morti che non ci furono mai (se ne ebbero al massimo duecento) e accusò i tedeschi di un bombardamento terroristico contro i civili, che i tedeschi, a differenza degli italiani su Barcellona, non si erano mai sognati di fare[58].

Il Portogallo di Antonio de Oliveira Salazar appoggiò sin dal principio la rivolta nazionalista e concesse il territorio lusitano per la raccolta ed il transito di aiuti e materiali per i nazionali, aggirando così l'embargo; ventimila *Viriatos* portoghesi combatterono al fianco di Franco, insieme a tre gruppi caccia (*os Viriatos do Air*), come abbiamo detto.

Le forze armate nazionaliste erano decisamente superiori a quelle repubblicane, più motivate, più disciplinate e più addestrate, anche se fino al 1937 furono spesso inferiori nell'armamento. Le cose cambiarono grazie ad italiani e tedeschi, che rifornirono i nazionali di armi e mezzi moderni.

Gli ufficiali erano buoni e ben motivati.

Particolarmente buone erano le brigate di Navarra, truppe addestrate al combattimento in montagna, in buona parte formate da ex *Requetés*, con un'eccellente conoscenza dei luoghi e della lingua basca.

I *Regulares* marocchini e i legionari del *Tercio* erano le migliori truppe spagnole, militari di carriera, di morale altissimo, veterani delle campagne del Riff e fedeli fino alla morte ai propri comandanti, Franco e Millan Astray. Malgrado ciò si trovarono a mal partito negli scontri casa per casa a Madrid nel 1936, tanto che i *Regulares* vennero più di una volta sconfitti dalle milizie anarchiche e sindacaliste.

Combattivi, fanatici cattolici e coraggiosissimi erano i carlisti baschi e navarresi del *Requeté*, che combattevano anche una guerra civile nella guerra civile contro i baschi separatisti. Le tradizioni dei navarresi rimontavano alle guerre carliste contro i liberali nel 1837, ma le bandiere con la croce di Borgogna e l'aquila bicipite erano un richiamo a Carlo V (I per gli spagnoli) ed agli *Austrias*, sotto i quali i *tercios* navarresi erano state le migliori truppe del mondo.

---

58   Scrive Galeazzo Ciano nel proprio diario il 20 marzo 1938: *La verità sui bombardamenti di Barcellona è che li ha ordinati Mussolini a Valle* [sottosegretario all'Aeronautica]*, alla camera, pochi minuti prima di pronunciare il discorso per l'Austria* [il 16 marzo]*. Franco non ne sapeva niente e ha chiesto di sospenderli. Mussolini pensa che questi bombardamenti siano ottimi per piegare il morale dei rossi, mentre le truppe avanzano in Aragona. Ed ha ragione. Quando l'ho informato del passo di Perth* [sir Eric Drummond, lord Perth, ambasciatore britannico a Roma, aveva chiesto la sospensione dei bombardamenti]*, non se ne è molto preoccupato, anzi si è dichiarato lieto del fatto che gli italiani riescano a destare orrore per la loro aggressività, anziché compiacimento come mandolinisti. Ciò, a suo avviso, ci fa anche salire nella considerazione dei tedeschi, che amano la guerra integrale e spietata.* (Ciano 1990, p.115).

Va ricordato però come anche i bombardieri repubblicani compissero frequenti incursioni sulle città in mano ai nazionalisti come Toledo, Siviglia, Burgos, bombardando senza alcuna remora le aree residenziali.

I *Requetés* si distinsero sempre dagli altri combattenti spagnoli per l'uso della tradizionale *bojna roja*, delle proprie bandiere e per il fatto di non usare mai il grido di battaglia nazionalista ¡Arriba España! ma il tradizionale ¡Viva España!

Come avveniva in campo repubblicano, la motivazione ed il fanatismo si mutavano spesso in ferocia verso il nemico sconfitto, con la famigerata *limpieza*.

I reparti falangisti erano di vario livello: ve ne furono di molto buoni, che supplirono con l'elevato morale allo scarso addestramento, anche se la media non fu mai all'altezza dei reparti regolari o del *Requetè*, o dall'altra parte, dei reparti comunisti.

Nel 1938 Franco stabilì la confluenza della Falange, dei carlisti e del *Movimiento de Recostruciòn Española* di Goicoechea, monarchico e apertamente fascista, nel *Movimiento Unificado de la Falange Espanola Tradicional y de las JONS*, ed i falangisti che si opposero vennero arrestati e processati. Il capo del movimento Manuel Hedilla, che rifiutava di riconoscere l'autorità politica di Franco, fu addirittura condannato a morte nel 1937 per *tradimento*. La condanna venne poi commutata, grazie all'intervento italiano, nella reclusione, ed Hedilla rimase in carcere fino al 1947. L'attività politica dei falangisti dissidenti continuò nella clandestinità sino alla morte di Franco nel 1975.

Franco sterilizzò gradualmente gli impulsi innovatori e rivoluzionari, utilizzando il *Movimiento* e la sua ideologia per contrapporsi simbolicamente alle ideologie che riteneva nemiche della tradizione spagnola.

Il programma politico e sociale della Falange non venne mai realizzato, neppure in minima parte, e dopo la fine degli anni quaranta, con la graduale emarginazione di Ramón Serrano Súñer, i suoi uomini non occuparono più significative posizioni di potere e di governo, soppiantati dagli appartenenti all'*Opus Dei*.

LE ORIGINI DELLA GUERRA DI SPAGNA

DALL'ALZAMIENTO FINO ALLA MARCHA
SOBRE MADRID

Dopo la prima guerra mondiale la Spagna fu teatro di una serie ininterrotta di crisi: i cambiamenti di governo divennero la normalità. La sconfitta nella guerra contro gli Stati Uniti del 1898 e poi la neutralità nella guerra 1914- 1918 spinsero decisamente la Spagna ai margini della storia europea. La ribellione in Marocco fu dura, e costò agli spagnoli gravi disfatte, come Anual (1921) ed un numero ingente di caduti.

La dittatura del generale Miguel Primo de Rivera durò dal 1923 al 1930. Seguì un governo repubblicano; dal 1933 prese il potere la destra cattolica e sempre nello stesso anno, venne fondata da José Antonio Primo de Rivera, figlio dell'ex-dittatore, la *Falange*, la cui ideologia era ispirata a quella fascista. Era un movimento rivoluzionario, sindacalista, corporativista, laico e repubblicano. La destra moderata si costituì nella CEDA, *Confederación Española de Derechas Autonomas*.

I partiti di sinistra a loro volta costituirono il *Fruente Popular*, cui gli anarchici, per motivi di principio, restarono estranei, pur invitando gli aderenti alla FAI a votare per il Fronte.

Le elezioni del 16 febbraio 1936, cui partecipò il 73% degli elettori, videro i seguenti risultati:

Fruente Popular   voti *4.206.156 (34,3 %)*

CEDA voti 3.783.601 (33,2 %)

Centro   voti 681.447 (5,4 %)

Il processo che portò il Fronte Popolare, nonostante il ridotto risultato elettorale, a mettere insieme una maggioranza alla Camera grazie al premio di maggioranza, ebbe il suo culmine nella illegale destituzione del Presidente della Repubblica Alcalà Zamora, e nella sua sostituzione con Manuel Azaña, ciò che costituì un vero colpo di stato in violazione della costituzione repubblicana.

Durante i mesi che trascorsero dal febbraio al luglio del 1936 si assisté allo smantellamento dello Stato di diritto attraverso provvedimenti quali l'amnistia concessa per decreto-legge; l'obbligo di riammettere le persone destituite per la loro partecipazione ad atti di violenza politico-sociale; la riabilitazione davanti alla *Generalitat* di Catalogna di coloro che erano stati protagonisti del golpe del 1934, le espropriazioni anti-costituzionali, il ritorno all'arbitrarietà dei giurati misti, le coazione del potere giudiziario.

Il 14 marzo 1936 Josè Antonio Primo de Rivera ed il fratello Miguel vennero arrestati e tradotti nel carcere di Madrid; il 5 giugno dello stesso anno furono trasferiti nella prigione di Alicante, ritenuta più sicura.

Il 1 novembre 1936 Josè Antonio venne condannato a morte (il fratello Miguel a 30 anni di reclusione) e fucilato nel cortile del carcere il 20 novembre dello stesso anno[59.]

Nel contempo, gli attivisti del Fronte Popolare si resero protagonisti nella più totale impunità di episodi che vennero denunciati in Parlamento senza ottenere altra risposta se non minacce come quelle profferite da Dolores Ibarruri, la *Pasionaria*, contro José Calvo Sotelo. Il governo irrigidì la sua posizione verso l'opposizione, gli assalti contro gli avversari politici si moltiplicarono, coinvolgendo anche gli ecclesiastici e il 13 luglio venne assassinato il capo del partito monarchico, Calvo Sotelo.

La democrazia ormai era un ricordo lontano, come lo Stato di diritto.

Era possibile venir prelevati dietro semplice denuncia anonima o semplice sospetto e senza mandato dagli uomini del *Servicio de Infomaciòn Militar*, da quelli del *Departamento Especial de Informaciòn de l'Estado*, come dai membri delle milizie dei partiti della sinistra.

Gli arrestati venivano portati nelle *Cekas*, da cui non si usciva quasi mai vivi. Nella sola Madrid erano attive quelle della *Calle del fomento*, del *Subdirector de Securidad*, del Ministero della Guerra, della *Calle del Marqués del Riscal*, del *Destrito de Buenavista*, della *Agrupacion Socialista Madrileña*, di *Garcia Atadell*, della *Linces de la Republica*, della *Escuadrilla del Amanecer* (così chiamata perché operava i prelevamenti all'alba), praticamente ogni sezione comunista, anarchica, sindacalista aveva la propria *Ceka* e il proprio gruppo di esecutori

Nell'esercito qualcosa stava accadendo: stanchi dell'anarchia e della violenza delle sinistre i militari accelerarono la preparazione di un colpo di stato che doveva portare alla presa di potere del generale José Sacanell Sanjurjo, il *Leone del Riff*, esiliato in Portogallo dopo un fallito colpo di stato nel 1932. Per la storia, la firma dell'allontanamento dal comando di Sanjurjo portava la firma del Capo di Stato Maggiore, il generale Francisco Franco y Bahamonde.

Anima dell'*alzamiento* furono le truppe dell'Africa e delle Canarie. Insieme a Sanjurjo furono a capo dell'insurrezione i generali Enrico Mola, Gonzalo Queipo de Llano e Francisco Franco y Bahamonde.

Sanjurjo si era recato a febbraio del 1936 in Germania, ufficialmente per assistere alle olimpiadi di Berlino; nella capitale tedesca si era incontrato con l'ammiraglio Wilhelm Canaris, capo dell'*Abwher* e probabilmente con il *Reichsmarschall* Hermann Göring, allo scopo di stringere accordi riguardo il prossimo *golpe de Estado*; proprio Canaris e Göring convinsero Hitler,

---

59   Primo de Rivera si rivolse al plotone d'esecuzione con queste parole:

Vi hanno detto che sono un avversario da uccidere, ma voi ignorate che il mio sogno era "Patria, pane e giustizia" per tutti gli spagnoli, specie per i miseri e diseredati. Credetemi! Quando si sta per morire non si può mentire.

Rifiutandosi di accettare la sua morte, i falangisti lo ribattezzarono *el Ausente*, così, nell'appello dei Caduti, anziché *Presente!* quando veniva gridato *José Antonio!* , la risposta era *Ausente!* Ossia, vivo.

all'inizio piuttosto tiepido, dell'utilità per la Germania dell'appoggiare i nazionalisti. Nello stesso tempo vennero cercati contatti anche con il governo italiano, soprattutto tramite il ministro degli Esteri Galeazzo Ciano.

Mente dell'insurrezione militare fu Emilio Mola, appoggiato dagli industriali, da parte dei monarchici, dai cattolici tradizionalisti ed anche dai falangisti, pronti, per il bene della Spagna, a rinunciare alla tendenza repubblicana data da José Antonio.

La guerra civile scoppiò il 17 luglio 1936.

L'*alzamiento* iniziò nel Marocco Spagnolo.

Il 18 luglio, il generale Francisco Franco y Bahamonde, un generale veterano delle campagne del Riff e ritenuto vicino alla Repubblica, assunse il controllo delle truppe d'Africa mentre il generale Queipo de Llano prese possesso di Siviglia; passarono ai *facciosos*, come i repubblicani chiamavano i nazionalisti, anche Granada e Cordoba.

Gonzalo Queipo de Llano y Sierra allo scoppio della Guerra Civile Spagnola, al comando di poche centinaia di uomini s'impadronì della città di Siviglia, e di lì di gran parte dell'Andalusia, tanto da venire soprannominato *El Virrey de Andalucía* (il viceré dell'Andalusia).

Queipo de Llano era stato dapprima favorevole, ma poi era divenuto ostile alla dittatura di Primo de Rivera, e per questo rimosso dall'esercito e collocato in pensione. Nel 1930 aveva tentato un velleitario colpo di stato repubblicano insieme a Ramon Franco y Bahamonde - fratello del futuro Caudillo - e un piccolo gruppo di ufficiali con i quali aveva tentato di impadronirsi dell'aeroporto di Quatros Vientos presso Madrid.

 Fuggito in Francia vi rimase sino alla nascita della seconda repubblica, e, rientrato in patria, aveva aderito al governo repubblicano, e proprio per questo nel 1936 era diventato Comandante Generale della II Regione Militare, l'Andalusia. Ma il generale, pur profondamente repubblicano, vedeva con crescente preoccupazione e disgusto la comunistizzazione e la crescente anarchia di quella repubblica per la quale aveva affrontato l'esilio.

L'adesione del generale Queipo de Llano al colpo di stato nazionalista fu totalmente inaspettata, e proprio tale fattore sorpresa rese possibile la presa di Siviglia (una città di oltre 300.000 abitanti, in gran parte repubblicani) da parte di pochi uomini. Per Queipo de Llano la salvezza della Spagna veniva prima delle sue stesse idee politiche. Se il governo repubblicano stava scivolando verso il marxismo ed il comunismo, allora, dovere di un soldato era quello di combattere contro la Repubblica.

La situazione volse definitivamente a favore di Queipo del Llano e dei nazionali, con l'arrivo dall'Africa, grazie all'Aviazione Legionaria inviata da Mussolini, dei *Tabores* marocchini comandati dal colonnello Yagüe Blanco.

Strumento importantissimo nella presa del potere a Siviglia, nel resto dell'Andalusia e in parte dell'Estremadura, fu la radio. Popolarissime per il tono vivace e polemico divennero le sue *charlas radiofonicas* che dal 18 luglio 1936 al 30 gennaio 1938 furono trasmesse da *Radio Sevilla*;

venivano ascoltate di nascosto dagli spagnoli ancora sotto il governo repubblicano, pur consapevoli che, se sorpresi ad ascoltare *Radio Sevilla*, sarebbero stati immediatamente passati per le armi dai miliziani.

Via radio il generale Queipo dichiarava di avere assunto tutto il potere civile e militare in questa o quella città, invitava le mogli dei *rossi* di questo o quel villaggio andaluso a vestirsi a lutto perché il giorno dopo le sue truppe avrebbero preso il villaggio, dettava l'agenda politica, ma si scagliava anche contro i suoi avversari politici in termini feroci e irridenti, che piacevano molto all'uditorio. Tra questi non solo il presidente della Repubblica Manuel Azaña, non certo noto per la propria avvenenza, del quale diceva che *la natura ha creato un mostro e il parlamento l'ha fatto presidente*, ma anche lo stesso generalissimo Francisco Franco, da lui soprannominato *Paca la Culona*.

Il 30 gennaio 1938 quando *la Junta Tecnica del Estado* si convertì in Governo della Spagna Nazionale, Queipo de Llano tenne la sua ultima *charla* radiofonica.

I contrasti con Franco, che non gradiva molte cose del suo ultimo concorrente rimasto, a cominciare dal fatto di venir chiamato *Paca la Culona*, e che lo riteneva, come scrisse a Mussolini, un *antifascista peligroso*, portarono, una volta finita la guerra, Queipo de Llano lontano dalla Spagna e dal potere, per lo più in missioni onorifiche all'estero, la più significativa delle quali a Roma durante la Seconda Guerra Mondiale quale capo della missione militare spagnola.

In Navarra ed in città importanti quali Vigo, La Coruña, Oviedo, Burgos, Valladolid, Salamanca, Pamplona, Saragozza, tradizionalmente conservatrici, le milizie operaie cedettero davanti ai militari, ai *Requetès* carlisti, ed ai falangisti delle JONS. Il governo di Madrid aveva inutilmente ordinato alle navi da guerra - la flotta era rimasta fedele in quanto gli equipaggi avevano sopraffatto gli ufficiali che volevano aderire alla rivolta, massacrandoli o affogandoli - di presidiare lo stretto di Gibilterra, così da contenere la ribellione in Marocco e nelle Canarie impedendo ai legionari del *Tercio* ed ai *Tabores* marocchini di raggiungere la Spagna continentale.

Josè Giral, nominato primo ministro, ordinò di distribuire le armi al popolo, fatto che a Madrid consentì ai lealisti di stroncare la rivolta, massacrando gli ufficiali nella caserma *Montaña*. I massacri durarono per giorni, con ufficiali fucilati o gettati dalle finestre; Pablo Neruda cantò la strage, esaltandola come una *vittoria* delle forze popolari. Anche a Barcellona i ribelli vennero bloccati dagli operai, in prevalenza anarchici, e dalla *Guardia Civil*, rimasta fedele al governo.

Il generale Sanjurjo, che avrebbe dovuto guidare la Spagna dopo la rivolta, morì in uno strano incidente aereo mentre tornava dall'esilio, il 20 luglio 1936. Franco fu immediatamente sospettato dell'eliminazione del suo vecchio superiore.

Un altro strano incidente aereo provocò la morte di Mola il 3 giugno del 1937, mentre Queipo de Llano cadde in disgrazia, come si è visto, e venne esautorato dopo la guerra ed inviato in una sorta di esilio dorato quale addetto militare in Italia, dove, per ogni evenienza, si recò in nave.

L'ascesa del futuro *Caudillo* fu inevitabile.

Tra il 30 luglio ed il 5 agosto 1936 trenta *Ju 52* tedeschi trasferirono a Siviglia i primi 1.500 legionari e *Regulares* marocchini. Sempre il cinque agosto avvenne il primo grande trasferimento di truppe dall'Africa via mare, con la protezione aerea italiana. Da Ceuta salparono per il porto di Algesiras tre piroscafi con imbarcati 4.000 uomini e 4 batterie di cannoni, oltre a munizioni, esplosivi e viveri, scortati da due piccole cannoniere. Il convoglio venne intercettato da due cacciatorpediniere repubblicane, ma intervennero otto bombardieri S81 del comandante Ruggero Bonomi (nome di battaglia Federici) che costrinse alla fuga i repubblicani. Fu il battesimo del fuoco della futura Aviazione Legionaria.

Toledo, con il palazzo reale dell'Alcazar, dove si trovava l'Accademia di fanteria comandata dal colonnello José Moscardó Ituarte, divenne il rifugio di numerose *Guardias Civiles*, falangisti, accademisti e loro familiari che furono assediati dai repubblicani. I cadetti erano, contrariamente a quanto si pensa di solito, una minoranza, poiché la maggior parte di loro era in licenza allo scoppio dell'insurrezione. Il 26 luglio il colonnello Moscardó Ituarte rifiutò d'arrendersi in cambio della vita del figlio Luìs, ventiquattrenne, fatto prigioniero dei repubblicani.

La telefonata tra il capo delle milizie toledane, il socialista Cándido Cabello, Luìs Moscardò e il difensore dell'Alcazar è entrata nella leggenda della Guerra Civile.

-Voi siete responsabili dei crimini e di tutto quello che succede a Toledo, disse Cabello. Le dò dieci minuti di tempo per consegnare l'Alcazar, altrimenti farò fucilare suo figlio Luis, che è qui al mio fianco.

- Ci credo.

- Per dimostrarle che non dico storie, adesso viene all'apparecchio.

- Papà!

- Che succede, figlio mio?.

 - Niente. Dicono che mi fucileranno se l'Alcazar non si arrende, ma tu non preoccuparti di me.

- Se è così, figliolo, raccomanda l'anima a Dio, grida viva Cristo Re e viva la Spagna e muori da spagnolo. Addio figlio mio. Ti abbraccio.

-Ciao papà. Un bacio grande.

E al socialista, tornato al telefono:

- Può risparmiarsi il tempo che mi ha concesso, e fucilare mio figlio. L'Alcazar non si arrenderà mai.

Luis Moscardò venne fucilato tre giorni dopo.

Circondati da forze repubblicane preponderanti, privi di cibo, di luce e di aiuti, con solo l'acqua della cisterna medievale, 147 ufficiali e cadetti, 903 civili combattenti, falangisti e Guardie Civili, con 538 fra donne e bambini, resisterono strenuamente all'assedio per settanta giorni, e Franco, capendo l'importanza simbolica della città, ordinò la loro liberazione, rimandando la marcia su Madrid.

L'Alcazar, malgrado la mancanza di viveri e di munizioni, i bombardamenti dell'artiglieria e dell'aviazione rossa, l'esplosione di due mine piazzate dai *dinamiteros* asturiani, non cedette fino alla liberazione avvenuta il 28 settembre 1936 con l'arrivo delle truppe del generale José Enrique Varela Iglesias.

Quando Varela entrò nel cortile, accanto alla statua di Carlo V, che le cannonate repubblicane avevano fatto cadere dal piedistallo, pur restando in piedi, erano schierati i difensori della fortezza con Moscardò, che salutò Varela dicendo:

Mi general, sin novedad en el Alcazar.

Il giorno seguente, quando Franco si recò all'Alcazar venne accolto da Moscardò che, portano la mano alla visiera, esclamò:

Mi general, le entrego el Alcázar destruido, pero el honor queda intacto[60].

Venne decorato con la *Crux Laureada de San Fernando*, la più alta onorificenza spagnola[61].

Il 29 agosto la *Junta de Defensa Nacional* stabilì l'adozione come bandiera nazionale della bandiera monarchica rossa e oro; le forze nazionaliste sino a quel giorno le forze nazionaliste avevano avuto la stessa bandiera dei repubblicani, il tricolore rosso-oro-porpora. Il 3 settembre, mentre Moscardò ed i suoi resistevano ai bombardamenti dei *rojos*, Giral diede le proprie dimissioni.

Largo Caballero, socialista, soprannominato il *Lenin español,* venne chiamato a formare il nuovo governo. Sia i nazionalisti che i repubblicani cercarono aiuto all'estero per sostenere la loro causa. Franco, che non aveva troppa simpatia per i fascisti, sperava nel sostegno dell'Inghilterra, vista la simpatia del governo britannico, che aveva inviato l'aereo che trasportò Franco da Las Palmas a Tetuan per prendere il comando dell'Esercito d'Africa. Londra tuttavia optò per il non intervento e sperava che anche Parigi facesse lo stesso. La Francia del *Front Populaire* continuerà, in realtà, a spedire armi ed apparecchi al governo di Madrid sotto la copertura di altri Paesi, come il Messico.

Mussolini, che temeva un'intesa Madrid - Parigi capace di turbare gli equilibri nel Mediterraneo, decise di intervenire a favore dei rivoltosi che riuscirono, grazie ai velivoli forniti dal Duce, a far sbarcare centinaia di uomini dal Marocco nella Spagna.

---

60   *Signor generale, le consegno l'Alcazar distrutto, ma l'onore rimane intatto.*
61   La città di Toledo dedicò nel 1941 una lapide al colonnello Moscardò. Tale lapide è stata rimossa dal governo socialista di José Luis R. Zapatero nel gennaio 2010. Il presidente Zapatero è esponente, per coincidenza, del medesimo partito di quel Cándido Cabello che fece fucilare Luis Moscardò.

Per iniziativa francese, venne firmato da tutti le potenze europee un patto di non-ingerenza nel conflitto. Il patto era fasullo. Stalin e la Francia appoggiavano la Repubblica, Italia e Germania sostenevano invece la rivolta, la prima soprattutto con l'invio di volontari, aerei e con il blocco navale, la seconda con un centinaio di aerei, mezzi corazzati e uomini. Hitler era prudente, il suo sostegno limitato, i suoi ufficiali- tranne il capo dell'*Abwher* ammiraglio Canaris e il *Reichsmarschall* Göring- erano contrari all'intervento e ciò che premeva al Führer era che la guerra spagnola catalizzasse l'attenzione mondiale in modo da avere maggiore libertà d'azione in Europa. L'Italia e la Germania riconobbero ben presto il governo di Franco come quello legittimo di Spagna. Gli U.S.A. di Roosevelt si mantennero neutrali. La speranza della Gran Bretagna e della Francia era comunque quella che il conflitto non diventasse mondiale e tentarono, la Francia almeno apparentemente, di restarne al di fuori, come, ufficialmente, il regno d'Italia, la Germania e l'URSS.

Il 22 ottobre 1936, con i *Regulares* marocchini ormai ad un passo da Madrid, Largo Caballero autorizzò la formazione delle brigate internazionali.

In tutto il mondo, i partiti comunisti e i sindacati si attivarono per reclutare volontari. La prima unità, l'XI *Brigada mixta internacional* venne inviata a Madrid. ne facevano parte i più svariati soggetti: operai, avventurieri, studenti, anarchici, socialisti, liberali, comunisti. Furono questi ultimi, appoggiati dall'Unione Sovietica, ad avere il predominio, anche grazie all'invio di ufficiali dell'Armata Rossa, che formarono la spina dorsale degli eserciti repubblicani, privi di un quadro ufficiali adeguato, con l'invio di carri armati, di aerei moderni da caccia e da bombardamento, di efficienti agenti del GRU[62], il servizio segreto militare sovietico.

Nelle brigate internazionali si arruolarono molti fuoriusciti tedeschi, italiani, polacchi, consapevoli che, se rinviati in patria, la pena sarebbe stata la condanna a morte, o, quantomeno, il carcere.

A Madrid quando i militanti del Fronte Popolare decisero di scovare i nazionalisti rimasti in città si scatenò il terrore, costringendo centinaia di persone a comparire davanti ai cosiddetti tribunali popolari davanti ai cui processi farsa la condanna a morte era sicura. Bastava indossare una cravatta per essere fucilati, preti e monache vennero massacrati a centinaia, e le chiese profanate.

L'Aviazione Legionaria italiana, cui si affiancano anche aerei tedeschi, cominciò a bombardare anche obbiettivi non militari a Madrid e dintorni; tra i civili regnava il panico e la confusione. Largo Caballero e il governo abbandonarono la città per rifugiarsi a Valencia ed incaricarono il generale José Miaja di formare una *Junta de Defensa* per garantire la lotta ad oltranza contro gli insorti.

---

62   *Glavnoe Razvedyvatel'noe Upravlenie*. Direttorato principale per l'informazione. In Spagna vennero inviati anche agenti del NKVD, alla cui testa era Aleksandr Orlov, giunto in Spagna nel 1936 con il preciso incarico di assicurare la vittoria dello stalinismo sulle eresie marxiste. Come scrisse nel dicembre '36 il comitato direttivo della Terza Internazionale al PCE,

Qualunque cosa accada bisogna arrivare a distruggere il trotzkismo, denunciandolo alle masse come servizio segreto fascista autore di provocazioni agli ordini di Hitler e del generale Franco; un'organizzazione che tenta di dividere il Fronte Popolare, conducendo una campagna denigratoria contro l'Unione Sovietica; un servizio segreto che aiuta attivamente il fascismo in Spagna. (Andrew, Gordiewskij 1991, p.176).

Questi, che era stato a suo tempo messo a riposo (con firma del Capo di Stato Maggiore Francisco Franco) per le sue simpatie di destra - era iscritto alla *Uniòn Militar Española*, dichiaratamente monarchica e filofascista - aveva rifiutato agli inizi del conflitto l'incarico di ministro della Guerra, offertogli dal governo Giral, avendo maggiori simpatie per gli insorti che per la Repubblica; ora, costretto ad accettare il ruolo di capo della *Junta*, dapprima si lamentò di esser stato destinato a morte sicura da Caballero, poi, in seguito ai successi difensivi intorno a Madrid, esaltato dalla propaganda, elevato, non per merito suo ma dall'eroismo dei miliziani e degli internazionali, si spostò su posizioni apertamente comuniste[63].

La radio repubblicana invitava gli abitanti alle barricate. I marocchini erano nei sobborghi della capitale, all'Ospedale generale ed alla Città universitaria, i *Tercieros* della Legione nella valle dello Jarama e del Manzanarre. Ad ottobre- novembre comparvero sul fronte madrileno anche i primi italiani della Missione Militare Italiana in Spagna, con dieci carri veloci CV35 e 38 pezzi da 65/17. Inquadrati nel *Tercio*, di cui portavano l'uniforme, con nomi di battaglia fasulli al posto dei propri, gli italiani oltre a combattere avevano l'incarico di addestrare gli spagnoli all'uso delle nuove armi italiane e infatti, dopo essersi comportati brillantemente il 15 novembre quando vennero investite la *Casa de Campos* e la *Ciudad Universitaria*: proprio una compagnia di CV35 fu la prima ad entrarvi, seguita da una compagnia di marocchini. Fu la punta più avanzata raggiunta dai *nacionales* nella città di Madrid sino al 1939.

Gli italiani vennero ritirati dal fronte a novembre, dopo aver consegnato carri e pezzi d'artiglieria ai nazionali.

Si combatté con una ferocia inaudita e con atti eroici da entrambe le parti. Le mura degli edifici della *Ciudad Universitaria* madrilena furono presto sporche di sangue e crivellate di colpi. I *Tabores* lottavano con i coltelli contro i repubblicani, casa per casa, senza riuscire ad avanzare. Il *Puente de los Franceses*, sul Manzanarre, la *Casa de Campos* divennero l'obbiettivo delle truppe di Yagüe ed il simbolo della resistenza repubblicana

Puente de los Franceses,

¡Mamita mía!

Nadie te pasa.

Porque los milicianos,

¡Mamita mía!

Qué bien te guardan.

Por la Casa de Campo,

¡Mamita mía!

---

63   Bolloten 1961, p. 224.

Y Manzanares

Quieren pasar los moros,

¡Mamita mía!

No pasa nadie[64].

La notte si portava soccorso ai feriti delle due parti. Il cibo scarseggiava per tutti. Si diffuse il terrore per la presunta *Quinta Colonna* franchista: i sospetti venivano ammazzati sul posto, senza processo. Si sparse la voce che i *Tabores* erano pronti a mettere a sacco Madrid ed a massacrarne gli abitanti. Riemergevano i ricordi del 2 maggio 1808, dei mamelucchi napoleonici, dei *moros* dell'epoca del Cid Campeador[65].

Non era poi un'idea del tutto dovuta alla propaganda. Nelle linee davanti Madrid venne catturato un *Regular*, e sottoposto ad interrogatorio dai repubblicani. All'ufficiale che lo interrogava sul perché combattesse in una guerra che non lo riguardava:

Ho sempre combattuto per i miei ideali.

Colpito dalla dignità del marocchino, l'ufficiale repubblicano decise di inviarlo a lavorare presso la cucina da campo del reparto. Più tardi, lo stesso giorno, l'ufficiale vide il marocchino sparare contro le linee nazionaliste, e l'apostrofò:

Tu non hai ideali!.

La risposta fu:

I miei ideali sono sempre gli stessi: ammazzare gli spagnoli[66].

---

64   La canzone, *Los cuatros generales*, una delle più note dell'innodica rossa, si concludeva con una strofa quantomeno prematura:

Marchaos, legionarios,

Marchaos italianos

Marchaos hitlerianos,

¡Mamita mía!

A vuestra tierra.

Porque el proletariado,

¡Mamita mía,

Ganó la guerra.

65   La propaganda repubblicana chiamava costantemente *moros* anziché *marroquis* i coloniali di Yagüe.

66   C. Othen, *Armed Tourists, A Bare Bones Guide to Foreign Volunteers in the Nationalist Army during the Spanish Civil War (1936-39)*, reperibile in http://www.brightreview.co.uk/ARTICLE-Armed-Tourists.html

Grande importanza ebbero anche le donne che aiutarono a costruire le trincee, a portare i viveri ai combattenti e a spronarli. Il primo anno di guerra vide i repubblicani perdere posizione ma soprattutto fece comprendere come nessuno dei due contendenti avesse la forza necessaria per aver ragione dell'altro.

I nazionalisti ricevettero rinforzi di materiale, di armi e di truppe dalla Germania e dall'Italia, i repubblicani da Stalin e dalla Francia di Leòn Blum.

Nelle zone sotto il controllo repubblicano, la giustizia era ormai amministrata da tribunali popolari ed il Governo era poco più di una finzione.

Nel Governo, o meglio in quel che ne restava, si fronteggiarono, spesso con le armi, comunisti, centristi, anarchici, socialisti, sindacalisti, autonomisti ecc. La Repubblica, è stato detto, mancava di veri repubblicani. Iniziò la rivoluzione contadina col massacro dei proprietari terrieri e delle loro famiglie, il sequestro degli immobili, la cancellazione dei debiti e dei titoli di proprietà e la nazionalizzazione delle imprese. Il disordine divenne generale e l'industria nazionale era a pezzi.

Una delle motivazioni principali sostenute dai *nacionales* all'epoca dell'*Alzamiento* fu quella di combattere l'anticlericalismo virulento del regime repubblicano e di difendere la Chiesa cattolica, che era stata attaccata per il l'appoggio data alla monarchia e che le sinistre incolpavano dei mali della nazione. Arretratezza, povertà, sfruttamento, ignoranza. Che la Chiesa avesse gravi colpe in tal senso è indubbio; ma ciò che successe in Spagna a partire dal 1936 è una delle pagine più oscure del XX secolo, anche per chi non sia un credente.

Nelle prime fasi della guerra civile, comunisti ed anarchici incendiarono chiese, conventi e altri edifici religiosi, profanando tombe ed esponendo i corpi dei religiosi morti, come avvenne con i cadaveri delle monache del *Monasterio del Carmen* a Madrid, e uccisero migliaia di sacerdoti, frati e monache senza che le autorità repubblicane facessero il minimo tentativo per impedirlo.

Un'eccezione a questo schema cattolici-anticattolici era rappresentata dai nazionalisti baschi, che, pur essendo in stragrande maggioranza cattolici praticanti, erano schierati con la Repubblica separatista di Aguirre, il cui portavoce era un gesuita (la Compagnia di Gesù era molto potente nei Paesi Baschi, e del resto lo stesso Loyola era basco[67]). La Chiesa cattolica salutò dunque la vittoria di Franco come un evento provvidenziale.

In un radiomessaggio del 16 aprile 1939, *Con inmenso gozo*, papa Pio XII parlò di una vera e propria vittoria

Contro i nemici di Gesù Cristo.

---

67   Proprio in chiave antigesuita e nazionalista il regime di Franco, nel dopoguerra, darà il proprio appoggio all'*Opus Dei*, particolarmente forte in Navarra e nei paesi Baschi, e politicamente reazionario, a differenza dei Gesuiti, molto più progressisti.

Molti criticano l'appoggio dato dalla Chiesa cattolica a Franco ed alla causa nazionalista. Ma il massacro sistematico del clero rese la scelta inevitabile: i sacerdoti e i religiosi assassinati ammontano a 6.832, dei quali 4.184 del clero secolare e fra essi dodici vescovi e un amministratore apostolico; 2.365 religiosi e 283 religiose. Se dal 1° gennaio al 18 luglio 1936 le vittime fra il clero erano state 17, esse diventarono 861 alla fine di luglio. Il culmine venne raggiunto nel mese di agosto con 2.077 assassinati, fra cui dieci vescovi, con una media di 70 al giorno.

Mai nella storia d'Europa e forse in quella del mondo - ha scritto Hugh Thomas, storico certamente non imputabile di simpatie franchiste - *si era visto un odio così accanito per la religione e per i suoi uomini.*

La leggenda clericale e franchista indicò - e indica tutt'ora - nella Massoneria una delle forze sostenitrici della repubblica. Ciò è assolutamente falso. Sebbene il Grande Oriente di Spagna dapprima avesse guardato con favore alla Repubblica, la crescente deriva anarchico-marxista aveva gettato la preoccupazione nelle logge iberiche. Preoccupazione non infondata: era assodato il legame tra borghesia e Massoneria. Esser massone voleva dire automaticamente essere un nemico di classe. Se la Chiesa sosteneva che dietro la repubblica c'era la Massoneria, i *rojos* sostenevano che la Massoneria, strumento del Capitale e della reazione, era alle spalle dei rivoltosi, e che i massoni erano la loro quinta colonna[68]. All'inizio della guerra le *Cekas* si impadronirono dei piè di lista delle logge, prelevando i membri uno ad uno, ed eliminandoli. Come in URSS dal 1917, e come in tutti i regimi comunisti, l'appartenenza alla Massoneria divenne reato, e, proporzionalmente, i massoni spagnoli pagarono un tributo di sangue secondo solo alla Chiesa cattolica, venendo oltretutto perseguitati anche dai nazionalisti, la cui propaganda clericaleggiante attribuiva alla Massoneria la decadenza dell'impero spagnolo, le rivoluzioni liberali dell'Ottocento, la nascita della repubblica, il marxismo, il separatismo, ma che però di solito non li passavano per le armi, ma si limitavano al carcere o all'epurazione, anche se non mancarono numerose, sanguinose eccezioni, in gran parte nei primi giorni dell'*Alzamiento*[69].

I primi di marzo del 1937, pochi giorni prima di Guadalajara, la tensione a Madrid salì alle stelle. Le canzonette miliziane non alzavano più il morale dei madrileni, né riempivano il loro stomaco.

De las bombas se rien,

mamita mía,

los madrileños.

---

68   Se il presidente repubblicano Azaña era massone, lo erano anche Ramòn Franco e il generale Queipo de Llano, e, forse, lo stesso *Caudillo*, oltre al generale Ettore Bastico, che comandò il C.T.V. nel 1937.
69   I massoni spagnoli fucilati dai nazionalisti furono 153: 30 a Salamanca, 30 a Saragozza, 15 a Logroño, 7 a Burgos, 17 a Ceuta, 24 ad Algeçiras, 30 a Valladolid e a Malaga; cfr. L. Pruneti, *La Sinagoga di Satana. Storia dell'antimassoneria 1725- 2002*, Bari 2002, p.199.

Una folla via via crescente di madrileni, uomini e soprattutto donne, si radunò dinnanzi al palazzo della giunta, cominciando a gridare insulti. In breve furono più di tremila persone a scandire:

Puerco Miaja, puerco Azaña, puerco Caballero!

Le Guardie Civili e gli *Asaltos* schierati davanti al palazzo aprirono il fuoco sulla folla, uccidendo ufficialmente novanta persone - ma si disse fossero almeno il doppio - tra e uomini e donne, mentre gli altri fuggirono, calpestando nella calca altre 160 persone cadute a terra o ferite.

La manifestazione era stata con tutta probabilità spontanea, e causata dalla stanchezza per la guerra, dai bombardamenti dei *Savoia Marchetti* SM79 e degli *Junkers Ju 52*, che ora sganciavano bombe anche di notte, e dei quali i madrileni avevano ormai smesso di ridere, se mai lo avevano fatto, dalla fame, dalle violenze delle milizie repubblicane, dalle centinaia di prelevati dalle varie *Cekas* e mai tornati a casa, dalle squadre di reclutamento che rastrellavano la gente per strada o dai caseggiati per portarli a scavare trincee all'Ospedale Clinico e alla Città Universitaria, ma i comunisti non persero l'occasione per strumentalizzare ai propri fini quanto avvenuto. Il pomeriggio stesso si scatenò il terrore poliziesco. André Marty, il famigerato *Carnicero de Albacete*[70], come era stato soprannominato, dichiarò alla stampa straniera che era stato scoperto un *complotto* per uccidere il generale Miaja. I cospiratori non erano i fascisti, ma erano i comunisti trotzkisti, i sindacalisti della *Union General de Trabajo* e gli anarchici della *Confederaciòn General de Trabajo*. Quarantasette esponenti anarchici e sindacalisti vennero subito arrestati - nove erano funzionari di polizia, sette le donne - e fucilati. Stalin stava allungando i tentacoli sulla Spagna rossa cominciando ad eliminare le sinistre non staliniste. Ovviamente né l'UGT né la CNT avevano nulla a che vedere con quanto accaduto, né era mai esistito alcun complotto contro Miaja od altri.

Ernest Hemingway, malgrado fosse schierato apertamente con la repubblica, in *From Who the Bell Tolls* (*Per chi suona la campana*) giudicò André Marty:

Pazzo da legare. Ha la mania di uccidere la gente. Purifica più lui del Salvarsan[71].

In realtà Marty non era diverso da Vidali, da Togliatti, dallo stesso Lister, ossessionati dall'idea di sradicare ogni eresia marxista non conforme alle direttive del Comintern.

In campo repubblicano, come in tutti regimi comunisti della storia, la paranoia verso il nemico interno ed i dissidenti superava persino le necessità della lotta contro i franchisti, al punto di danneggiare lo sforzo bellico della Repubblica.

Tornando ad un discorso più generale, naturalmente ciò non significa che in ciascuna zona la repressione non abbia caratteri propri e che non esista fra le due zone una differenza sostanziale.

---

70   Il macellaio di Albacete. Albacete era il quartier generale delle Brigate Internazionali, e i brigatisti non abbastanza ortodossi dal punto di vista comunista le vittime del Marty.
71   D.R. Richardson, *Comintern Army*, Lexington 1982, pp. 174-175; Andrew, Gordiewskij 1991, p. 179.

Nella zona repubblicana la repressione è *in maniera predominante* risultato di un procedimento giuridicamente incostituzionale e moralmente inqualificabile, nacque dall'aver armato il popolo, dalla creazione di tribunali popolari e dalla proclamazione dell'anarchia rivoluzionaria, fatti tutti che equivalgono a una «patente» concessa a convalida delle migliaia di omicidi commessi, la responsabilità dei quali ricade pienamente sopra coloro che li istigarono, li permisero e li lasciarono impuniti.

Nella zona nazionale e nel dopoguerra la repressione fu *in maniera predominante* il risultato di condanne di comportamenti di rilevanza penale tenuti dagli imputati nel periodo del controllo repubblicano. Si possono segnalare non poche eccezioni a queste due regole generali, ma difficilmente si potrà mettere in discussione i fatti che caratterizzano le grandi linee di quanto avvenuto e che spiegano la differenza di cifre fra le province che si trovarono sottoposte al processo rivoluzionario e quelle che rimasero fin dal principio della guerra in zona nazionale.

Nelle retrovie repubblicane fra l'agosto del 1936 e il gennaio del 1937, il numero massimo del numero delle morti varia nelle diverse province, ma la maggior parte di esse si ha nei mesi dell'estate e dell'autunno del 1936, ripresentandosi poi nei momenti di particolare tensione. A partire dal 1937 la repressione prenderà altre forme e conterà su organi più specializzati: è questa l'epoca delle *checas*, le carceri segrete di partito, di quelle del *Servicio de Investigación Militar* e dei campi di lavoro.

Specialmente là dove gli omicidi sono più selettivi o colpiscono persone isolate i repubblicani uccidono borghesi benestanti e in genere notabili locali; altrove invece il fenomeno si traduce in una persecuzione massiccia diretta anche contro la piccola borghesia, impiegati, artigiani, lavoratori giornalieri e altri appartenenti ai gruppi sociali più modesti.

La persecuzione religiosa, iniziata prima della guerra, ha molteplici manifestazioni, fra cui va segnalato l'assassinio di sacerdoti, di religiosi e di laici; gli incarceramenti e gli incendi, i saccheggi e le profanazioni di edifici e di oggetti sacri.

Queste azioni sono state attribuite a un fenomeno spontaneo, frutto della lotta di classe, avente come protagonista le masse inferocite: tuttavia, in base ai dati disponibili, è possibile precisare come, in numerose occasioni, l'iniziativa sia partita dalle autorità, tanto da quelle già esistenti quanto dalle nuove istanze costituitesi a partire dall'evento rivoluzionario, che sono quelle che dominano veramente la situazione.

Nel periodo della guerra civile, nell'area controllata dagli insorti, scrive Ángel David Martín Rubio, le prime azioni repressive erano dirette contro i nuclei di resistenza incontrati dagli insorti; ben presto lasciarono il passo alla pratica tragica dei *paseos*, le "passeggiate", la quale più o meno tardi tenderà a sparire a seconda delle zone per essere sostituita, prima per gradi, poi definitivamente (sempre salvo eccezioni), dalle esecuzioni *legali*. A partire dalla fine del 1936 e dagli inizi del 1937, le cifre relative alle vittime della repressione in luoghi fino ad allora parte della zona nazionale mostrano una diminuzione notevole, che va messa in relazione con il passaggio dei poteri alle autorità preposte all'ordine pubblico, con la maggior centralizzazione dei poteri dello Stato e con il controllo, quasi definitivo, assunto dall'apparato repressivo.

A mano a mano che le zone rimaste sotto il controllo della Repubblica vengono occupate dall'Esercito Nazionale, subiscono una nuova ondata di violenza, di segno contrario rispetto a quella che hanno subito fino ad allora; per ciò che riguarda il dopoguerra si può parlare chiaramente di due tappe: il 1939-1940, momento di maggior intensità, e gli anni seguenti, in cui vengono liquidate con relativa rapidità le responsabilità - o presunte tali - di carattere penale.

È chiaro che, soprattutto dopo la guerra o nelle zone che erano appartenute alle retrovie repubblicane, si giudicavano, in un buon numero di casi, delitti concreti.

Va sempre tenuto presente questo: la violenza e la repressione nazionalista sono la risposta, e la conseguenza, di quelle rosse. Se è vero che tutte le violenze sono eguali, è altrettanto vero che a scatenare un'ondata di violenza indiscriminata, di massacri, di prelevamenti, di esecuzioni mai vista prima in Europa - con l'eccezione della Russia rivoluzionaria - né nell'Italia del 1922 né nella Germania del 1933 sono state per prime le sinistre e le loro milizie, che ne pagheranno più tardi, in maniera spesso spietata ma comprensibile, le conseguenze.

Per comprendere se non per giustificare, la vendetta nazionalista, basti leggere questa testimonianza degli anziani contadini di Villacarrillo, in Andalusia:

Vennero i rossi e, lasciando le macchine sulla strada, salirono in paese a piedi. Qui presero con la forza i sacerdoti e alcuni uomini che avevano tentato di opporsi al loro arresto e li condussero giù, nel prato che dalla strada si distende verso il Guadilimar. Estrassero quindi dalle macchine alcune bottiglie di benzina e ne infilarono il collo in bocca ai malcapitati, per costringerli a ingoiarne qualche sorso. Le vittime si contorcevano in terra dal dolore. Allora alcuni miliziani portarono dei giornali a cui avevano appiccato il fuoco e li avvicinarono alla bocca dei martiri che subito esplosero come bombe.

Non c'è da meravigliarsi se, cambiato il vento, i massacratori diventino massacrati. E insieme ai colpevoli, vengano uccisi migliaia di repubblicani colpevoli solo di appartenere alla parte perdente, anche se non coinvolti nei massacri: del resto, gli alleati considerarono tutti gli appartenenti alle S.S. come criminali di guerra, indipendentemente dalle effettive responsabilità individuali. Non ci si può scandalizzare, dunque, se anche in Spagna avvenne lo stesso.

La provenienza delle vittime fu duplice.

Da un canto, i membri di una minoritaria borghesia liberale, repubblicana, di sinistra, fondamentalmente residente in nuclei urbani di una certa entità e nei capoluoghi. E, dall'altro, in maggioranza operai di diversi mestieri e salariati agricoli (giornalieri). Specialmente perseguite saranno le autorità repubblicane e, nel dopoguerra, i protagonisti della mobilitazione politico-sindacale del periodo precedente: il tutto senza però dimenticare di ricordare la componente arbitraria e casuale di molte delle morti avvenute in tale contesto[72].

Ciò non vuol dire giustificare, come fa la propaganda cattolico- reazionaria, i massacri franchisti,

---

72   Ángel David Martín Rubio, *Le vittime della Guerra Civile spagnola*, http://www.identitanazionale.it/stco_5023.php

anche se quanto detto sopra aiuta a spiegarne la ragione. Gli italiani rimasero disgustati da quella che Galeazzo Ciano definì la *reazione bianca disordinata crudele e pericolosa*[73], tanto che Ciano si prodigò, affiancato dall'ambasciatore Cantalupo e da Farinacci per limitarla; Farinacci, che certo non era un moderato, scrisse a sua volta a Ciano:

Le barbarie rosse e nazionali si equivalgono. E'una gara al massacro che è diventata quasi uno sport .

Ettore Muti scrisse a sua volta in un rapporto a Ciano del 1936 che

A Siviglia sono già 1300 i fucilati, e li giudica un tribunale composto da sei persone, ognuna delle quali ha un parente che fu a suo tempo giustiziato dai comunisti. Il nostro fascismo è tutta un'altra bellissima cosa[74].

Ciano telegrafò all'ambasciatore Cantalupo le direttive del governo italiano a tal proposito: consigliare a Franco di limitare le rappresaglie ai soli responsabili di crimini, evitare i massacri insensati, che avevano l'unico risultato di irrigidire la resistenza avversaria, moderazione per *fare opera di concordia e di pace*.

Non discutesi la necessità di qualche punizione esemplare a riguardo dei peggiori responsabili della criminalità rossa, e l'adozione di severe misure a garanzia della sicurezza e dell'ordine. Ma occorre contenere tali misure in limiti strettamente indispensabili e affrettarsi a far ritorno alla normalità. Regio Governo, nell'interesse di una rapida soluzione della crisi, non può non essere preoccupato del perpetuarsi di una politica la cui conseguenza è di esasperare il rancore dei vinti e la resistenza degli avversari. Giacché è chiaro che quanti tra i rossi sarebbero disposti ad abbandonare la lotta, sono spinti ad una resistenza disperata dal terrore di un'inevitabile rappresaglia, con il risultato di prolungare e aggravare la lotta. Veda perciò V.E. di prospettare a Franco la gravità della questione e l'importanza tutta particolare che Regio Governo vi annette, insistendo sull'interesse diretto di codesto Governo nazionale a una politica di moderazione, che è il mezzo più efficace per fare opera di concordia e di pace[75].

Nel caso della *limpieza* contro baschi e catalani, si rese necessario l'intervento dello stesso Mussolini per evitare (meglio, limitare) i bagni di sangue.

Franco aveva previsto la caduta di Madrid nel giro di qualche giorno ed invece la capitale resisteva ancora., malgrado gli assalti dei *Regulares* e dei legionari del *Tercio* nella città universitaria e lungo il corso del Manzanarre e dello Jarama[76].

Jagt zum Teufel dir fremden Legionäre,

73   Telegramma di Ciano a Farinacci, 12 marzo 1937, MAE I, busta 133; Guerri 2001, p.248.
74   Quando Ciano lesse queste parole non avrebbe mai potuto immaginare che il suo destino sarebbe stato quello di essere giudicato e condannato a morte da un tribunale, uno dei cui giudici, Celso Riva, era un operaio torinese scelto solamente perché padre di un fascista assassinato dai GAP.
75   Rip. in R. Cantalupo, *Fu la Spagna*, Milano 1948, p.132.
76   Sulla battaglia per Madrid si vedano i fondamentali lavori di J. M. Martinez Bande, *Frente de Madrid* ,Barcelona 1976; id., *La marcha sobre Madrid*, Servicio Historico Militar, Monografias de la Guerra de España, 1, Madrid 1982; id., *La lucha en torno a Madrid en el invierno de 1936- 1937*, Servicio Historico Militar, Monografias de la Guerra de España, 2, Madrid 1984. La versione data nel proprio memoriale dal comandante repubblicano gen. Vincente Rojo (V. Rojo, *Asì fue la defensa de Madrid*, Madrid 1987) è pura propaganda.

werft ins Meer den Faschistengeneral.

Träumte schon in Madrid sich zur Parade,

doch wir waren schon da er kam zu spät[77].

Cantavano gli internazionali del battaglione *Thaelmann*, appostati nelle trincee fangose del rio Jarama, che fronteggiavano quelle del *Tercios*.

Nel frattempo, altri quarantamila volontari italiani sbarcarono in Spagna nel gennaio del 1937.

Gettare a mare il generale fascista, come avrebbero voluto gli *internazionali*, sarebbe stato molto più difficile.

---

77   *Al diavolo i Legionari stranieri,*
              Buttiamo a mare il generale fascista.
              Sognava già di sfilare a Madrid
              Ma c'eravamo già noi, è arrivato troppo tardi.

DALLA MISSIONE MILITARE ITALIANA IN SPAGNA AL CORPO TRUPPE VOLONTARIE

I LEGIONARI DA CADICE A MALAGA

Il buon risultato dato dalle divisioni della M.V.S.N. in Africa Orientale nel 1936- 1936, superiore ad ogni aspettativa degli scettici generali del Regio Esercito[78], portò ad un impiego di grandi unità della medesima anche nella guerra civile spagnola, nella quale l'Italia intervenne in forma non ufficiale, con l'invio di armi e mezzi, e soprattutto di uomini.

L'Esercito partecipò con la divisione *Littorio,* mentre la Milizia organizzò le proprie truppe in Gruppi di *Banderas,* corrispondenti ad un reggimento, che parteciparono in modo determinante alla conquista di Malaga tra il 5 ed il 10 febbraio 1937.

Purtroppo nel caso della guerra civile spagnola le federazioni del P.N.F. non avevano effettuato una selezione adeguata dei volontari come era avvenuto per l'Africa, contando sul numero piuttosto che sulle capacità militari.

Il primo contingente italiano si imbarcò a Gaeta sul piroscafo *Lombardia* diretto a Cadice il 18 dicembre 1936. Si trattava di tremila uomini, in gran parte appartenenti alla M.V.S.N.

È il caso di affrontare un luogo comune che purtroppo, come tutti i luoghi comuni, è duro a morire malgrado sia smentito dai documenti: quello dei *cosiddetti volontari,* mandati a combattere in Spagna con l'inganno.

Negli anni della Guerra Civile spagnola, tra le varie invenzioni propagandistiche di parte repubblicana vi fu quella che sosteneva come i militari italiani inviati in Spagna fossero in realtà dei poveri illusi, ingannati dai fascisti, che avevano fatto creder loro che sarebbero stati inviati in Africa come coloni, ma poi spedendoli in Spagna a combattere, come arriva a scrivere Silvio Bertoldi recensendo la riedizione del libro del Conforti nell'articolo citato precedentemente:

Quei "volontari" richiamati con la cartolina - precetto erano stati imbarcati convinti di andare in Africa Orientale e si erano ritrovati in Spagna[79].

---

78   P. R. di Colloredo, *I Pilastri del Romano Impero. Le Camicie Nere in Africa Orientale*, 1935- 1936, Genova 2009.

79   S. Bertoldi, *Guadalajara, l'inizio di tutte le sconfitte di Mussolini,* Corriere della Sera, 2 marzo 2000.

Si tratta - prescindendo che la guerra in Africa Orientale era finita nel maggio del 1936 e nel dicembre dello stesso anno semmai si stavano rimpatriando i combattenti di quella campagna, e non inviando truppe! - solo di una invenzione, perché già il fatto di appartenere alla Milizia, come a qualsiasi altra Forza Armata, implicava la possibilità di essere inviati dove necessario. Nel caso del conflitto spagnolo non fu così. I primi arruolati furono tra coloro che avevano fatto domanda per partire volontari per la guerra d'Etiopia, chiedendo loro la disponibilità per una operazione militare oltremare, la Spagna appunto, lasciando ognuno libero di accettare o rifiutare[80].

Si sa anche la fonte e la data della prima volta in cui comparve una tale diceria: una corrispondenza di Mikhail Koltsov pubblicata sulla Pravda del 30 marzo 1937. Naturalmente non è difficile comprendere quale sia l'attendibilità di un articolo di propaganda pubblicato sull'organo del PCUS in epoca stalinista[81], ciò spiega perché, pur ripetendo ancor oggi tale chiacchiera, si eviti accuratamente di citarne l'origine.

Soprattutto all'inizio del conflitto venivano richiesti volontari per destinazione ignota (dato che l'Italia era ufficialmente neutrale, non si poteva certo specificare la destinazione: ma non essendoci altri conflitti che vedessero impegnate le Forze armate italiane non era che un falso segreto).

Venne un piantone in compagnia, ricordò Renzo Lodoli, ufficiale dei Granatieri di Sardegna, appena rientrato dall'Africa Orientale.

"Signor tenente, dal signor maggiore, subito".

La tromba suonava rapporto nel cortile. [...]

"Signori ufficiali, a rapporto. State comodi." C'era qualcosa di nuovo nel viso del maggiore. In silenzio esaminava i suoi ragazzi dagli alamari d'argento e dal bavero rosso, uno per uno il suo sguardo sembrava pesarli, uno per uno [...] "Signori ufficiali, ho una domanda da farvi. Posso concedervi cinque minuti per la risposta, non uno di più. Si richiedono ufficiali per destinazione ignota. Nient'altro. L'Italia ha bisogno di uomini e di ufficiali che sappiano condurre a vincere, a morire questi uomini. Senza stellette, senza bandiera. Cinque minuti per la vostra decisione"[82].

Fino a Guadalajara, prima che venissero rimpatriati gli elementi meno adatti fisicamente e moralmente[83], si ebbero alcuni casi di un malcostume, diffuso soprattutto nelle federazioni fasciste del Sud, di inviare gente tutt'altro che bellicosa. Un malcostume che durava ancora durante la Seconda Guerra Mondiale, come ricorda Giuseppe Berto, che fu capomanipolo del VI° btg. CC.NN. d'Africa:

---

80   A.Petacco, ¡Viva la Muerte! Mito e realtà della Guerra Civile Spagnola 1936- 1939, Milano 2006, p.98. Ovviamente, conclusa la campagna in Africa Orientale, in Europa, Africa e Mediterraneo non vi erano altri conflitti al di fuori di quello spagnolo, e chi si arruolava non aveva dubbi riguardo alla destinazione.
81   Koltsov era il corrispondente della "Pravda" e anche l'informatore diretto di Stalin, il quale leggeva tutti i suoi articoli prima di autorizzarne la pubblicazione (Petacco 2006, p.49).
82   R. Lodoli, I Legionari,. Spagna 1936- 1939, Roma 1989,p.9.
83   Vennero rimpatriati 591 uomini per motivi disciplinari e 3 128 per mancanza di idoneità fisica.

[...] I complementi invece, che si trovano in Africa da meno d'un anno [Berto scriveva nel 1942, NdA] son brava gente, tutt'altro che bellicosi, e volontari per modo di dire. Sono in gran parte braccianti siciliani e calabresi, con moglie e figli a casa, quasi tutti arruolati con un trucco. Infatti erano disoccupati ed era stato fatto creder loro che, per trovar lavoro, era opportuno iscriversi alla milizia. Una volta iscritti, diventarono automaticamente volontari, e il loro federale potè fare una magnifica figura spedendoli in guerra: dimostrava in tal modo che, nella sua provincia, la fede fascista non era fatta solo di chiacchiere. Così questi poveretti son capitati in Africa contro loro volontà, ma non è detto siano dei cattivi soldati[84].

Ciò, dato il giro di vite voluto da Bastico e Teruzzi circa i volontari, non avvenne più dopo il marzo 1937 e la battaglia di Guadalajara.

Quanto agli altri, ufficiali, sottufficiali, specialisti, sapevano benissimo quale fosse la destinazione finale. Anche se spesso specialmente gli ufficiali di carriera ed i piloti militari parlavano di destinazione Africa, per evitare di dare informazioni circa l'invio di militari italiani in una conflitto che vedeva l'Italia neutrale.

Ecco la testimonianza di Renzo Lodoli, ufficiale della divisione Littorio:

A casa credevano che il maggiore fosse partito per l'Africa.

"Ho telegrafato che la nave ha cambiato rotta. Tanti hanno fatto così".

Già, tanti fecero così. Corse questa voce in Italia e gli ambienti grigi vi credettero e fuori d'Italia se ne fece chiasso. Parlarono di ingannati. Ma non avevano guardati i nostri volti, forse , o non li vollero guardare. Preferirono credere alle menzogne d'un maggiore che scriveva alla moglie, di un fante che scriveva alla mamma.

"Ci chiameranno ingannati. O avventurieri o mercenari".

Quelli dell'altra parte, e anche, sì, qualcuno che è rimasto a casa, perché non ha vent'anni, non li ha mai avuti[85].

Questo per quanto riguarda gli ufficiali.

Vediamo ora cosa scrive nel suo diario una semplice Camicia Nera, Franco Bonezzi, appartenente alla 17ª Legione CCNN Cremona, uno di quelli che per la propaganda antifascista o i vari Olao Conforti sarebbe stato spedito in Spagna con l'inganno:

[...] Si sono così aperti gli arruolamenti volontari per correre in aiuto della Spagna messa a ferro e fuoco.

Faccio anch'io domanda e chissà se mi sarà accettata.

Giorno 20 Gennaio 1937.

Mi è stata accettata la domanda per andare a combattere in Spagna, si dice la partenza sia imminente.

24/1/37.

84   G. Berto, *Guerra in camicia nera*, Venezia 1985, p.26
85   Lodoli, 1989, p.20

Cremona. alle ore 17 adunata al Palazzo della Rivoluzione, si parte per ignota destinazione. Di partenti siamo in diversi, credo che saremo più di un centinaio. Dopo le necessarie pratiche degli ufficiali ci incolonniamo dirigendoci alla stazione, partiremo solo verso le 4 del mattino seguente[86].

Bonezzi e i suoi camerati insomma sapevano benissimo quale fosse la *destinazione ignota*!

A piena conferma del fatto che i membri della Milizia sapessero che la destinazione sarebbe stata la Spagna, a ribadire ciò che si legge nel diario di Bonezzi, ed in piena contraddizione con quanto sostenuto dalla sua stessa parte politica, un dirigente comunista anconetano presenta le Camicie Nere come una sorta di banditi o di lanzichenecchi, attirati in Spagna dalla brama di ricchezze e di saccheggi:

Nel 1937 la guerra civile divampa in Spagna. L'intervento del governo fascista a favore di Franco è sempre più evidente. Mentre la stampa del regime si trastulla sugli incontri dei capi delle Grandi Potenze in un cosiddetto "Comitato del non intervento nelle cose spagnole", il popolo italiano sa invece che si stanno preparando battaglioni di soldati volontari [...] Invece per chi vuole andare volontario in Spagna, per chi desidera farsi "legionario" per la guerra di Franco (che viene presentata come una romantica "passeggiata" per la terra iberica), premi all'ingaggio, premi a fine ferma, guadagni nel saccheggio, possibilità di occupazione nella Spagna o un posto di lavoro assicurato al ritorno in Italia[87].

Il premio di ingaggio era di 2.000 lire e la paga di 40 lire (il governo nazionalista forniva il vitto e due pesetas di diaria - per confronto, un brigatista internazionale ne riceveva, almeno in teoria, dieci). Quanto ai *premi a fine ferma*, consistevano nel tradizionale pacco vestiario al momento del congedo.

Prescindendo dalla forma, queste affermazioni confermano come i volontari ben sapessero di arruolarsi per la Spagna!

Merita di essere ricordata la conquista delle di cui fu protagonista un Console della Milizia, l'avvocato bolognese Arconovaldo Bonaccorsi, il cui nome di battaglia fu *Conde Aldo Rossi*. Un personaggio fuori dal comune, degno erede del Rinascimento dei capitani di ventura, sanguigno, allegro, violento, smargiasso, generosissimo con gli amici e spietato con i nemici, fanatico, coraggioso come un leone, Bonaccorsi era stato volontario negli Alpini nel 1915-1918, fascista dal 1919 e squadrista della prima ora, comandante di una squadra con un nome che è tutto un programma: *Me ne frego*. Divenuto Console della M.V.S.N. venne inviato dal Duce a Maiorca, dove giunse il 26 agosto 1936.

---

86   F. Bonezzi, *Il diario del nonno fascista* (a cura di R. Bonezzi), Roma 2006, pp.1-2. Il volume consiste nella riproduzione anastatica del diario dattiloscritto del Bonezzi, intitolato *Diario di guerra. Campagna O.M.S. (Spagna) - 1937-1938, fronte di Guadalajara, Bilbao, Santander, Aragona, Ebro*. Si tratta di un documento interessantissimo, non destinato alla pubblicazione, e privo di retorica, che mostra il modo di pensare delle camicie Nere, sorprendentemente prive di fanatismo (ciò che avevo già rilevato leggendo diari e lettere relative ad altre campagne della MVSN).

87   Raffaele Maderloni, *Ricordi 1923 – 1944*, Ancona 1995. Il contenuto di questo modesto lavoretto, pubblicato dall'Istituto Gramsci delle Marche, è degno del *Visto da sinistra* del *Candido* di Giovannino Guareschi. Basti citare i titoli di alcuni capitoli: *Ancora tra le grinfie della bestia, Le persecuzioni continuano, I principi del leninismo* e *La lotta di classe - un senso alla vita proletaria*.

Sostituite le inette autorità militari dell'isola, si mise a percorrere da solo i paesi dell'isola, predicando nelle piazze le idee fasciste e arruolando uomini per la Falange. Il suo carisma ebbe un successo inatteso, in un ambiente assai tiepido verso i nazionalisti come era Maiorca, e il *Conde Aldo Rossi*, il nome di battaglia adottato da Bonaccorsi[88], riuscì a raccogliere 2.500 volontari che inquadrò nei *Dragones de la Muerte*.

Alla testa dei suoi *Dragones*, appoggiato da volontari, militi della *Guardia Civil* e falangisti, affrontò con decisione le forze repubblicane (6.000-10.000 uomini, rispetto ai 2.500 del *Conde Rossi*) sbarcate 10 giorni prima a Manacor al comando del generale Alberto Bayo, teorico della guerriglia e futuro "maestro ideale" di Fidel Castro.

Con l'appoggio dell'aviazione legionaria il 3 settembre sconfisse a Son Corb i repubblicani che iniziarono una disastrosa ritirata che si concluse il giorno 12 con il reimbarco dei *rojos* superstiti. Bonaccorsi si autonominò comandante militare e ispettore generale delle truppe delle Baleari, insediandosi all'Hotel Mediterraneo come in un palazzo, costruendo e organizzando fortificazioni e difese.

In poco tempo, appoggiato dai caccia CR32 e da tre SM81 giunti carichi di armi e personale italiano, riconquistò tutta Maiorca, eliminando spietatamente i repubblicani con metodi feroci. Bonaccorsi creò le *Brigate dell'alba* (così denominate perché arrivavano all'alba presso le case degli oppositori) ispirandosi alle famigerate *Esquadrillas de Amanecer* rosse, per effettuare le eliminazioni degli avversari, fucilazioni effettuate principalmente presso il cimitero di Porreles,. Le azioni di Bonaccorsi vennero ingrandite a dismisura dalla fantasia dello scrittore Georges Bernanos nel libro *I grandi cimiteri sotto la luna*,. Bernanos giunge a far ammontare a circa tremila i fucilati, che però è una cifra totalmente irrealistica.

Travestito da miliziano comunista, Bonaccorsi sbarcò ad Ibiza per raccogliere informazioni. Il 20 settembre, imbarcato con cinquecento *dragones* su una barca requisita, sbarcò di nuovo ad Ibiza e la conquistò senza colpo ferire. Fu poi la volta di Formentera e di Cabrera. Ma il suo comportarsi da governatore italiano delle Baleari preoccupò la Gran Bretagna, che temeva un'annessione delle isole all'Italia dopo la guerra, spinse perché Roma richiamasse in patria il *Conde Rossi*, ciò che avvenne nel 1937.

L'Italia in realtà non aveva alcuna intenzione di annettere le Baleari. Ciano dichiarò all'ambasciatore italiano presso Franco, Renzo Cantalupo esser

Falso che vogliamo impadronirci delle Baleari o di una parte del Marocco, perché su questo punto sappiamo che l'Inghilterra interverrebbe senz'altro, e anzi, noi e Franco abbiamo dato a Londra e Parigi le più tranquillizzanti assicurazioni. Sono tutte menzogne di stampa. [...] Anche questa volta gli italiani saranno molto più idealisti di quanto tutti sospettano: non caveremo nulla dalla Spagna e ci contenteremo di raggiungere i fini generali che ci siamo proposti: impedire che, bolscevizzandosi la Spagna, abbia inizio la bolscevizzazione del Mediterraneo [...][89].

---

88   Conte era il titolo nobiliare del Bonaccorsi, Aldo, ovviamente l'abbreviazione del suo nome di battesimo, Rossi perché rosso di capelli.

89   G. Ciano, cit. in. G.B. Guerri, *Galeazzo Ciano. Una vita (1903-1944)*, Milano 2001, p. 231.

Ma Bonaccorsi diede una svolta alla guerra. Con la sua conquista delle Baleari l'aviazione italiana poté, dalle basi dell'arcipelago, colpire ovunque il territorio repubblicano, e la Regia Marina poté utilizzare le basi navali delle varie isole per strangolare con il blocco navale - ricordiamo l'opera dei sommergibili, in primis l'*Iride* del comandante Junio Valerio Borghese - la Repubblica, impedendo l'arrivo dei convogli sovietici che portavano armi e rifornimenti dal Mar Nero[90].

Nulla, più della motivazione della meritata croce di cavaliere dell'Ordine Militare di Savoia concessagli da Vittorio Emanuele III, compendia l'azione militare del Bonaccorsi:

Con magnifica audacia, indomabile valore e grande perizia, in soli sedici giorni strappava al nemico quattro volte superiore di numero, le isole di Mallorca[91], Ibiza e Formentera, assicurando così alla causa nazionale basi di fondamentale importanza dalle quali l'Arma Aerea e le Forze Navali hanno influito in modo decisivo sull'andamento della guerra di Spagna.

Isole Baleari, 25 agosto - 16 settembre 1936.

Ma torniamo ad occuparci dei legionari italiani. A differenza dei tremila volontari arrivati in Spagna nel 1936, e che erano stati inquadrati nel *Tercio Etranjero*, il gran numero di uomini ora disponibili portò alla creazioni di reparti autonomi italiani suddivisi in *banderas* (reggimenti) che indossavano la divisa italiana ma con distintivi di grado spagnoli.

Sbarcati a Puerto Santa Maria, a Jerez de la Frontera ed a Cadice, con i vari volontari si provvide a creare unità militari che potessero venir impiegate operativamente in breve tempo lungo la costa meridionale, nella zona di Malaga, caposaldo repubblicano, che era stato più volte attaccato dai nazionali, ma sempre invano.

Tutte le unità di fanteria erano formate da Camicie Nere- la divisione Littorio entrerà in campo solo successivamente- mentre i carri veloci, l'artiglieria, il genio ed i sevizi erano formati da personale del Regio Esercito.

Dopo operazioni preliminari condotte lungo la costa da parte della colonna nazionalista del Duca di Siviglia e da Granada dai soldati del generale Muñoz, all'alba del 5 febbraio 1937 le tre colonne di legionari, in massima parte Camicie Nere, della Missione Militare Italiana in Spagna del generale Mario Roatta, schierate ai piedi della Sierra Nevada attaccarono di sorpresa le postazioni repubblicane poste sulla cresta della catena montuosa, ritenute dal governo madrileno imprendibili per la posizione quasi inaccessibile.

La conquista di Malaga, cui venne assegnato il nome in codice di *Lampo*, avrebbe portato ad un accorciamento del fronte sud, tenuto dalle truppe del generale Queipo de Llano con effettivi troppo scarsi rispetto alla necessità operativa, ed ad un grande risultato politico: Malaga era la "capitale" rossa del settore meridionale, centro nevralgico dei comandi repubblicani, dove più forte era stata la repressione degli elementi di destra, con parecchie migliaia di eliminati dai plotoni di esecuzione o *scomparsi* dopo il *prelevamento* dalle carceri cittadine o dai comandi anarchici, famigerati per le loro stanze di tortura.

---

90   Il recentissimo lavoro di Recalde 2011 è dedicato all'argomento.
91   In spagnolo nel testo.

All'approssimarsi dell'azione nazionalista i comandi repubblicani fecero affluire da Albucete cinque battaglioni di Brigatisti internazionali, tra i quali i battaglioni *Py y Margall, Mexico, el Campesino, el Fantasma* con 45 carri sovietici T26B, ventidue aeroplani, quattordici caccia e quattro bombardieri, disponendo così di circa 50.000 uomini[92].

I repubblicani intendevano bloccare il nemico sui passi della Sierra, che costituiscono corridoi obbligati, per annientare le fanterie con il fuoco delle postazioni fortificate di mitragliatrici.

Gli italiani disponevano di circa 10.000 uomini, suddivisi nelle brigata I[a] *Dio lo vuole!*, del 4° e 5° gruppo *Banderas* (destinati a costituire le brigate miste I[a] e II[a]), della 1[a] e 2[a] compagnia carri armati, e di un plotone della 3[a] (tutti su carri leggeri CV35), 1 compagnia motomitraglieri, una compagnia autoblindo FIAT, 1 gruppo da 149/12, due batterie da 105/28, 1 batteria da 75 CK contraerei, due batterie da 20mm, una sezione controcarri da 47mm, tre plotoni del Genio artieri, e reparti delle trasmissioni. Alla vigilia dell'inizio delle operazioni venne aggiunto anche il II° gruppo obici da 100/1737.

Se artiglieria, corazzati e specialisti provenivano dal Regio Esercito, tutte le fanterie erano costituite da Camicie Nere.

Le truppe italiane erano così suddivise:

Quartier generale ad Antequera (gen. Mario Roatta)

Colonna di destra (col. Carlo Rivolta): 3° gruppo Banderas.

Colonna di centro (gen. Edmondo Rossi): 1° gruppo Banderas.

Colonna di sinistra (col. Mario Guassardo): 4° gruppo Banderas.

In riserva: 2° gruppo Banderas (col. Costantino Salvi)[93]

L'attacco di sorpresa ebbe inizio alle 6.30 della mattina del 5 febbraio, preceduto dal bombardamento eseguito dall'Aviazione Legionaria e dai cannoni degli incrociatori *Canarias* e *Almirante Cervera*; le Camicie Nere s'impadronirono di slancio del passi di Zafarraya, malgrado la resistenza repubblicana si dimostrasse molto aspra, tanto che l'avanzata della colonna Guassardo venne temporaneamente arrestata da vere e proprie cortine di piombo. Vi venne ferito lo stesso generale Roatta, spintosi in prima linea. I legionari presero anche Boca de Asno; gli scontri più duri furono alla Venta de los Alazores, tenuta da duemila brigatisti internazionali che accolsero le Camicie Nere al grido di ¡No pasaran!, arroccati in un fortino di cemento. Dopo un duro scontro, tale posizione venne espugnata dalla colonna Rossi, una cui *bandera* aggirò da nord le posizioni repubblicane avvolgendole dall'alto. Gli internazionali ripiegarono, incalzati dalle formazioni motorizzate italiane, fermandosi ad el Viento, combattendo sino quasi al tramonto del 6 febbraio.

---

92   G. Artieri, *Le guerre dimenticate di Mussolini*, Milano 1995, p.186. Altre fonti parlano di 20.000 uomini da parte repubblicana, di cui 12.000 in prima linea sulle linee difensive montane.
93   A. Arrighi, F. Stefani, *La partecipazione italiana alla Guerra Civile Spagnola* , I, USSME Roma 1992, p.200.

Gli italiani si impadronirono della dorsale, dilagando poi verso il Mediterraneo.

Il 6 ed il 7 febbraio le truppe repubblicane agli ordini del colonnello Villalba tentarono di contrattaccare, venendo messe in rotta dai legionari, ed il giorno successivo gli italiani, cui, per ragioni di opportunità politica era stata aggiunta la colonna spagnola del Duca di Siviglia (ritardando in questo modo l'ingresso a Malaga dei legionari) entrarono in città.

Una colonna della Milizia inseguì le truppe repubblicane in rotta, giungendo il 10 a Motril, a centocinque chilometri da Malaga.

In soli sei giorni, applicando la dottrina della *Guerra di Rapido Corso* le truppe della Missione Militare Italiana in Spagna (M.M.I.S.). erano riuscite dove i nazionalisti di Franco avevano fallito per mesi, perdendo solo pochi uomini - 94 morti e 276 feriti - ed infliggendo perdite pesanti ai rossi.

Un risultato inaspettato per truppe appena arruolate, che non avevano ancora avuto tempo o modo di amalgamarsi in unità organiche, e dall'addestramento quanto meno approssimativo.

La facilità della vittoria di Malaga portò però nei Comandi italiani ad una sottovalutazione dell'avversario ed ad una sopravvalutazione delle capacità e dell'armamento italiano che se pure avevano senso riguardo alle truppe repubblicane avrebbero portato ad una grave crisi le unità della M.V.S.N. quando, sul fronte di Madrid, si sarebbero trovate di fronte le ben più agguerrite e motivate Brigate Internazionali a ranghi completi, e i moderni carri sovietici.

ILLUSTRAZIONI - PARTE 1A

Annibale Bergonzoni, comandante della divisione Littorio, nel 1938

Enrique Lister interroga un prigioniero

André Marty con Luigi Longo in Spagna

Vittorio Vidali in un posto di comando al fronte

Ritratto di un volontario garibaldino in Spagna

Miliziani dell'XI brigata internazionale

Volontari garibaldini italiani in Spagna

Squadra controcarro repubblicana di volontari italiani

Volontari repubblicani francesi

Miliziani ungheresi del gruppo Rakosi

Miliziani ungheresi del gruppo Rakosi

Artiglieria della divisione Littorio

Camicie Nere sulla Carrettera de Francia a Guadalajara, 8 marzo 1937

Miliziani repubblicani in trincea

Mitragliatrice Maxim di produzione russa repubblicana

Camicie Nere sotto il fuoco nemico a Guadalajara

Un carro BT5 repubblicano

Un carro CV35 italiano catturato dai repubblicani

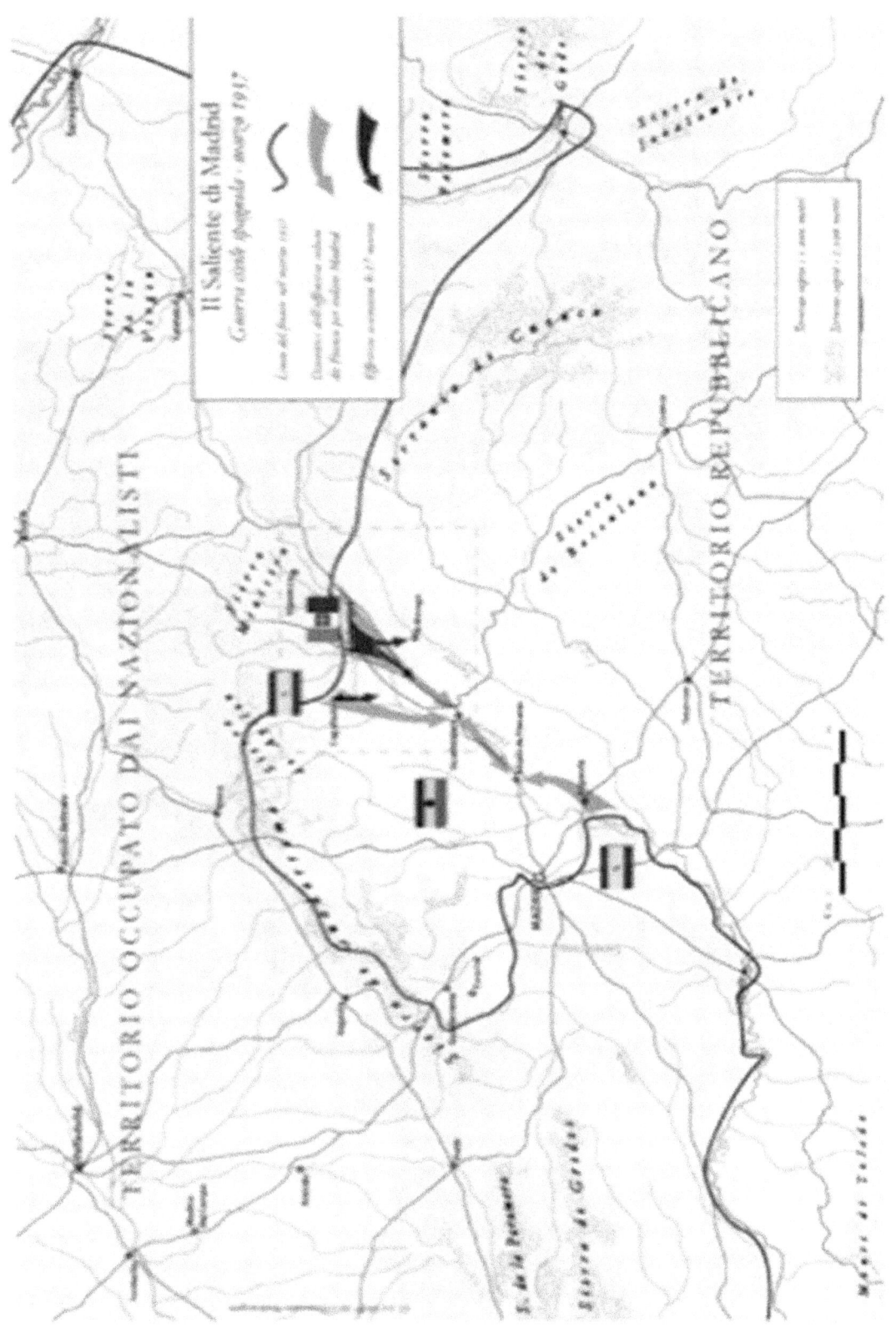

Il Saliente di Madrid
Guerra civile spagnola - marzo 1937

TERRITORIO OCCUPATO DAI NAZIONALISTI

TERRITORIO REPUBBLICANO

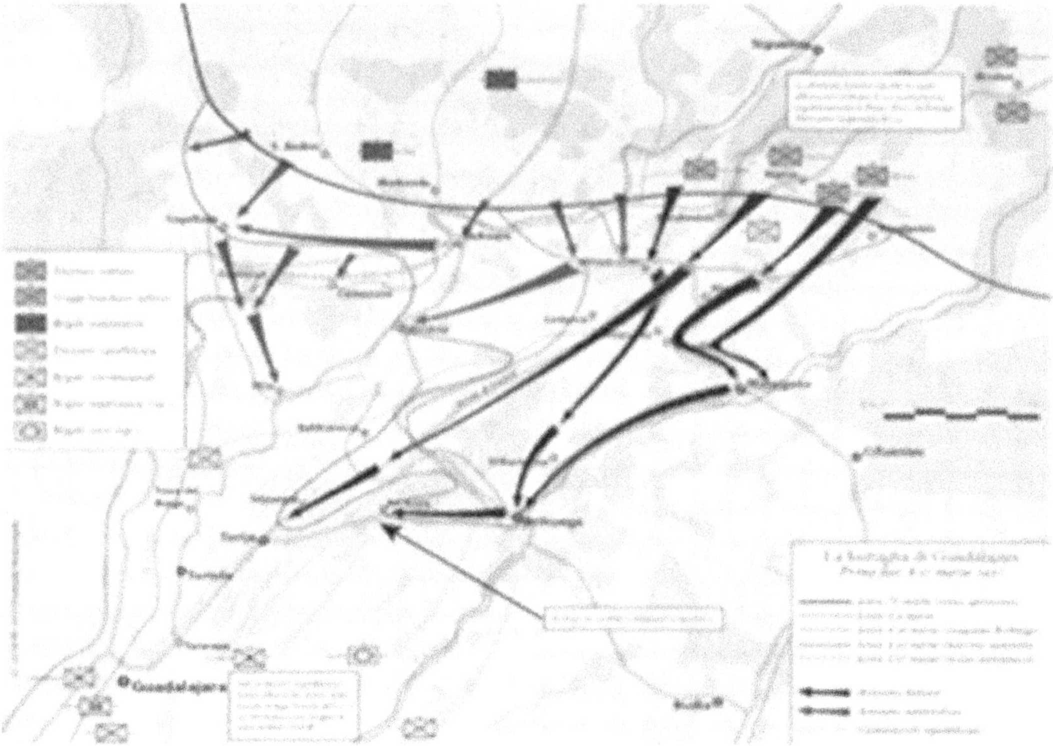
Guadalajara

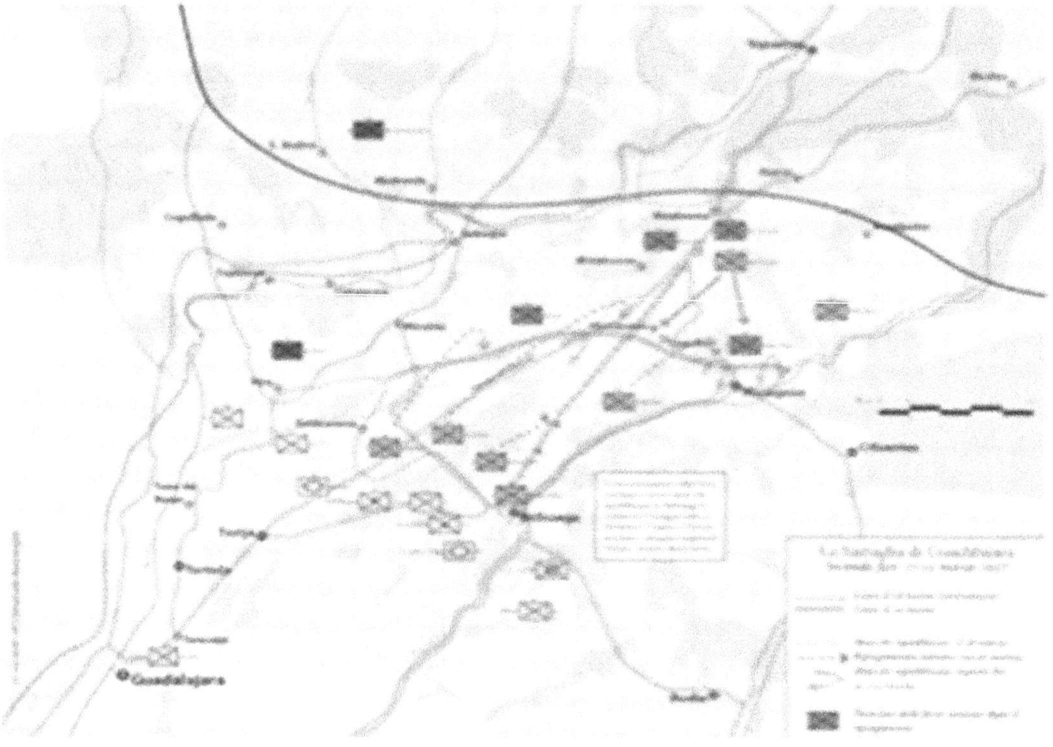
Guadalajara

GUADALAJARA!

L'OFFENSIVA ITALIANA

Alla luce del positivo risultato raggiunto, ritenuto superiore ad ogni aspettativa, il Corpo Truppe Volontarie, come la Missione Militare Italiana in Spagna era stata ridenominata il 17 febbraio, venne trasferito sul fronte di Madrid, allo scopo di sfondare il fronte nel settore di Guadalajara, in concomitanza con l'offensiva nazionalista sullo Jarama, per far cadere definitivamente la capitale spagnola.

Dopo il successo di Malaga, Franco inviò a Roatta un telegramma in cui elogiava *l'azione fulminea che ha pienamente corrisposto nostra aspettativa*, dando anche indicazioni su come indirizzare le operazioni future:

Occorre sfruttare immediatamente brillante successo agendo massima rapidità et decisione su direttrice Almeria-Murcia-Alicante-Valencia. Divisione Littorio in arrivo consente agire decisamente per ottenere crollo nemico. Franco intensifichi contemporaneamente sua azione contro Madrid per immobilizzare forze nemiche.

Ciò che ovviamente Franco si guardò dal fare, venendo al contrario molto irritato dal tono e dai contenuti dell'intervento italiano. Va detto che il piano prospettato da Ciano - ma era ovvio come costui parlasse per conto del Duce - e pianificato dallo Stato Maggiore del regio Esercito, che prevedeva un'offensiva da Teruel che puntasse su Sagunto, Valencia ed il mare - era il più logico, ed avrebbe, in caso di riuscita, spezzato in due la Spagna repubblicana: ciò sarebbe avvenuto solo nel 1938, e Valencia sarebbe stata l'ultima città repubblicana a cadere nel marzo del 1939.

Del resto Franco non riusciva ad ingoiare il rospo dell'impiego unitario del C.T.V., e, il 13 febbraio del 1937, lo disse chiaramente al colonnello Emilio Faldella, Capo di Stato Maggiore di Roatta, il quale in quei giorni si trovava a Roma per curare la ferita ricevuta a Malaga, ed al tenente colonnello Giacomo Zanussi[94].

Il Generalissimo fu corretto ma molto freddo con i due ufficiali, e, senza neppure nominare Malaga, si lanciò in una serie di recriminazioni nei confronti degli italiani, sostenendo che erano state inviate truppe italiane in Spagna senza neppure chiedere il suo parere; dapprima si era parlato di volontari da inquadrare nei battaglioni spagnoli, poi gli si era chiesto di inquadrarli in propri battaglioni, infine gli si voleva imporre di far combattere tali unità unitariamente agli ordini di Roatta, malgrado i suoi piani fossero diversi.

---

94   I due ufficiali portarono a Franco in dono la reliquia della mano di S.Teresa d'Avila.

Sostenuta la necessità di avanzare lentamente per poter procedere all'eliminazione dei nemici politici, Franco affermò che l'offensiva su Sagunto e Valencia non era nei suoi piani, e visto che non avrebbe potuto utilizzare isolatamente le varie unità italiane sui diversi fronti, disse Franco, è molto probabile che vi chieda di avanzare su Guadalajara[95]. A questo punto il colloquio si interruppe, e il giorno dopo Franco fece pervenire al colonnello Faldella una nota scritta, con la quale proponeva che

Le truppe italiane potranno operare con replicati sforzi nella direttrice generale Siguenza-Guadalajara.

Il 1° marzo Franco assicurò a Roatta, tornato dalla licenza per la ferita, che in contemporanea all'attacco del C.T.V., avrebbero attaccato anche le truppe spagnole del fronte dello Jarama. Il C.T.V. sarebbe stato, promise il Generalissimo, affiancato dai diecimila uomini della divisione *Soria*, comandata da José Moscardó Ituarte, l'eroe dell'Alcazar. Scopo dell'operazione era quello di ricongiungersi alle unità spagnole provenienti dallo Jarama ad Alcalà de Henares, mentre una terza colonna spagnola sarebbe avanzata da Cogolludo parallelamente agli italiani, ricongiungendosi con essi a Guadalajara, in modo da isolare totalmente Madrid, rescindendo il saliente che penetrava nelle linee nazionali sino alla Sierra de Guadarrama. L'idea che gli italiani volessero conquistare da soli Madrid in tre giorni non è mai esistita se non nella propaganda repubblicana.

L'ordine di operazioni n. 2239 emanato dal Comando Truppe Volontarie il 4 marzo 1937 a Salamanca, riportato in appendice, ne è documento inconfutabile.

I.

- Il Comando Supremo ha deciso di procedere a fondo contro le forze rosse della regione di Madrid, agendo contro di esse e sulle loro vie di comunicazione, contemporaneamente da sud- ovest e da nord- est.

- L'azione da sud-ovest è affidata alle truppe della "divisione rinforzata Madrid" [spagnola, ndA], le quali riprenderanno, dal Rio Jarama verso Alcalà de Henares, l'avanzata recentemente interrotta.

- L'azione da nord- est è affidata alle "Truppe Volontarie" ai miei ordini, le quali muoveranno nella direzione Sigüenza- Guadalajara.

- Altre truppe spagnole, dalla linea Guadarrama- Somosierra- Sigüenza, concorreranno, operando in direzione complessivamente concentrica contro le truppe loro di fronte.

II.

---

95   Ciò conferma quanto dichiarò poi Mussolini in Consiglio dei Ministri l'11 aprile, dopo Guadalajara. Annotò Bottai nel proprio diario:

Ieri mattina nel Consiglio dei Ministri. Mussolini ha parlato degli avvenimenti di Spagna. La partecipazione delle nostre Divisioni alla battaglia sul fronte di Madrid sembrerebbe essersi avverata contro il suo parere. "Una massima da tenere presente: non abbandonare mai il settore, su cui s'è già conseguito il successo". Allude alla vittoria di Malaga "La mia formula: 'corsa al mare' andava mantenuta fino in fondo. Da Malaga su Almeria; e poi su Cartagena, Alicante, restringendo via via il fonte marittimo del nemico". (G. Bottai, Diario 1935-1944, Milano 1989, p.116 alla data del 12 aprile 1937).

- Il settore assegnato, in primo tempo, alle "Truppe Volontarie" è quello delimitato:

- a destra: dalla congiungente Mandayona- Almadrones (località comprese)- Rio Badiel- Rio Henares (fino a Guadalajara).

- a sinistra: da Rio Tajuña.

- Immediatamente a destra di detto settore, e contemporaneamente alle "Truppe Volontarie", agirà una colonna spagnola (II Brigata), che procederà sulla rotabile Almazan- Guadalajara.

- A sinistra del settore in parola non opereranno altre truppe amiche.

All'offensiva su Guadalajara, denominata in codice Folgore, presero parte tre divisioni di CC.NN. oltre alla Littorio:

1ª divisione Volontari Dio lo vuole (CC.NN.), parzialmente motorizzata: gen. Rossi:

1° Gruppo Banderas (Ten. Col. Frezza):

-Aquila,

-Carroccio,

-Leone;

-batteria d'accompagnamento e reparto Genio.

2° Gruppo Banderas (Col. Salvi):

-Indomita,

-Folgore,

-Falco;

-batteria d'accompagnamento e reparto Genio.

3° Gruppo Banderas (Col. Mazza):

-635°,

-Uragano,

-Tempesta;

-batteria d'accompagnamento e reparto Genio.

2ª divisione Volontari Fiamme nere (CC.NN.), parzialmente motorizzata: gen. Guido Coppi:

6° Gruppo Banderas (Console Pittau.):

-Ardita,

-Intrepida,

-Audace;

-batteria d'accompagnamento e reparto Genio.

7° Gruppo Banderas (Console Marino):

-Inflessibile,

-Implacabile,

-Invincibile;

-batteria d'accompagnamento e reparto Genio.

8° Gruppo Banderas (Console Vandelli):

-Impavida,

-Inesorabile,

-Temeraria, 730 ed altra;

-batteria d'accompagnamento e reparto Genio.

Raggruppamento di Artiglieria divisionale (Ten. Col. Pettinari), su quattro gruppi di vari calibri ed una batteria antiaerea da 20 mm.

La Divisione Fiamme Nere aveva a disposizione anche un altro raggruppamento di artiglieria comandato dal colonnello Bottari, su cinque Gruppi di vari calibri, che avrebbe partecipato al bombardamento di preparazione sulle linee repubblicane, per passare in un secondo momento alla dipendenze della 3ª Divisione CCNN una volta che, dopo lo sfondamento iniziale, la Penne Nere avesse scavalcato la Fiamme Nere per proseguire l'offensiva.

3ª divisione Volontari Penne Nere (CC.NN.), completamente autotrasportata: gen. Nuvoloni:

9° Gruppo Banderas (Console Venchiarelli):

-Uragano,

-Tempesta,

-Lupi;

-batteria d'accompagnamento da 65/17 e reparto Genio.

10° Gruppo Banderas (Console Martini):

-Tembien,

-Sciré,

-Carso;

-batteria d'accompagnamento da 65/17 e reparto Genio.

11° Gruppo Banderas (Console generale Liuzzi):

-Monte Nero,

-Pasubio,

-Amba Work;

-batteria d'accompagnamento da 65/17 e reparto Genio.

Due gruppi autonomi di Banderas delle Camicie Nere:

4° Gruppo Banderas (Primo Seniore Guidoni.):

-Toro,

-Bisonte,

-Bufalo;

 -batteria d'accompagnamento da 65/17 e reparto Genio.

5° Gruppo Banderas (Console Francisci):

-Lupo ,

-Ardente;

-batteria d'accompagnamento da 65/17 e reparto Genio.

4ª divisione Volontari del Littorio (formata da volontari del Regio Esercito), totalmente autotrasportata, gen. Bergonzoli:

-1° Reggimento Fanteria Onore non onori (col. Pascarolo), su tre battaglioni fucilieri, una batteria d'accompagnamento da 65/17, una sezione del genio

-2° Reggimento Fanteria Oso l'inosabile (col. Sprega, poi col. Ferrara), su tre battaglioni fucilieri, una batteria d'accompagnamento da 65/17, una sezione del Genio.

-3° Reggimento Artiglieria Sempre e dovunque[96]:

-due gruppi da 100/17,

-una batteria AA da 20. mm.

-Battaglione mitragliatrici divisionale.

---

96   Secondo alcune fonti 3° Reggimento Artiglieria *Volontari del Littorio.*

Raggruppamento Carri d'Assalto ed autoblindo (maggiore Lohengrin Giraud):

-Quattro compagnie CV 35,

-una compagnia autoblindate Lancia,

-una compagnia di motomitraglieri (bersaglieri) ,

-compagnia chimica lanciafiamme,

-una sezione controcarri da 47 mm.

Di questi reparti due compagnie di CV35 vennero assegnate alla divisione CCNN Fiamme Nere (2ª) ed altre due alla Penne nere (3ª), insieme alla compagnia autoblindo ed alla compagnia motomitraglieri.

Artiglieria del Corpo Truppe Volontarie:

dieci Gruppi di vari calibri, una batteria contraerea da 20 mm ed una da 75.mm.

La forza effettiva del C.T.V. può venir così calcolata:

1ª Dio lo vuole!		6.360
2ª Fiamme Nere		6.336
3ª Penne Nere	6.241	
4ª Volontari del Littorio	7.689	
4° Gruppo Banderas	1.801	
5° Gruppo Banderas	1.800	
Artiglieria	4.379	
Altri reparti	616	
Totale	35.222[97]	

---

97   De Vecchi, Lucas 1976, p.131.

All'incirca i due terzi erano Camicie Nere, ed il restante terzo militari del Regio Esercito.

Come si può arguire dai nomi delle tre *Banderas* dell'11° Gruppo, che ricordano tre battaglie degli alpini, Alberto Liuzzi, friulano di Arta Terme, proveniva da questa specialità, precisamente dall'8° Reggimento Alpini.

Liuzzi cadde durante la battaglia di Guadalajara, unico generale italiano morto durante il conflitto spagnolo, ed ebbe la Medaglia d'Oro alla memoria[98].

Volontario nella Grande Guerra, fascista della prima ora e squadrista, Liuzzi, di origini ebraiche ma convertitosi al cristianesimo, morì prima di vedere l'applicazione delle leggi razziali.

È stato al proposito osservato che il Console generale Liuzzi non fosse da considerarsi ebreo, in quanto convertito al cattolicesimo.

Ci sembra però un argomento alquanto specioso: ricordiamo un'altra Medaglia d'Oro al Valor Militare alla Memoria, il tenente colonnello di Stato Maggiore Giorgio Morpurgo, della *Littorio*, che, ricevuta la lettera di richiamo in patria in quanto di *razza ebraica*, sebbene cattolico, chiese ed ottenne di condurre un assalto con gli arditi reggimentali il 23 dicembre 1938, cercando volontariamente la morte cantando *Giovinezza*.

Ed ebreo era il capomanipolo delle Camicie Nere R. Spizzichino, romano, medaglia d'argento alla memoria, caduto a Briuhega, e la MOVM sottotenente Abate, morto travolto dai carri sovietici mentre puntava il proprio pezzo controcarro a Palacio de Ibarra. Il loro sacrificio sarebbe stato presto ricompensato con l'infamia delle leggi razziali.

Che si preparasse un'offensiva su Madrid non restò un segreto.

Il sette marzo, alla vigilia dell'inizio delle operazioni del C.T.V. il generale Queipo de Llano tenne un discorso da *Radio Sevilla* in cui affermò:

È una sporca menzogna che quando entreremo a Madrid saranno uccise 300 mila persone. L'esercito e le milizie vanno a Madrid a liberare tutti, in questi tutti sono compresi coloro che non abbiano commessi delitti, vale a dire l'immensa maggioranza degli infelici spagnoli ingannati e terrorizzati e obbligati a impugnare le armi contro la Patria.

---

98   LIUZZI ALBERTO Console Generale XI gruppo « Banderas»

Alla memoria

Comandante di una colonna avvolgente attraverso un bosco, riusciva a snidare il nemico fortemente trincerato, mediante due successivi corpo a corpo che conduceva alla testa delle proprie truppe. Durante un mitragliamento e spezzonamento aereo nemico, il terzo in breve ora, sdegnava ogni riparo e si recava in mezzo alle sue truppe che, contemporaneamente soggette a vigoroso attacco terrestre, subivano forti perdite. Nel generoso atto, che era valso a rianimare e rinsaldare la resistenza dei suoi, cadeva colpito a morte, dando esempio di fulgido valore e di magnifiche qualità di comandante.

Zona di Trijueque, 11 -12 marzo 1937.

Insomma, *Radio Sevilla* dava l'annuncio della prossima offensiva in maniera tale da eliminare qualsiasi effetto sorpresa!

La mattina dell'otto marzo 1937, sotto una bufera di nevischio, e malgrado il mancato appoggio delle forze nazionaliste sullo Jarama, che, contrariamente a quanto stabilito, non effettuarono i previsti attacchi diversivi, il C.T.V. attaccò le linee repubblicane.

Gli italiani malgrado il nevischio e la temperatura sotto lo zero, indossavano le uniformi coloniali di tela olona. Scrisse la Camicia Nera Franco Bonezzi l'otto marzo che

Il tempo è pessimo, piove da ieri, fa un freddo da cani e non sappiamo come ripararci, balliamo la tarantella stringendoci forte gli uni contro gli altri[99].

Per fortuna, non era stato distribuito - come pure si era proposto! - il casco coloniale, per evitare di offendere la suscettibilità spagnola. Si riuscì almeno ad evitare il ridicolo.

All'inizio della battaglia le unità repubblicane presenti erano:

12ª Division de Infanteria (brigate 49a, 48a, 50a, 71a, 72a), *battaglioni: Espartacus, Mangada, Pi y Margall, Teruel,*

un battaglione d'artiglieria,

mezza compagnia di carri sovietici T26B

ed una compagnia di cavalleria.

L'attacco del legionari non riuscì ad ottenere l'auspicato sfondamento immediato, e proseguì respingendo indietro lentamente il nemico, sino ad arrivare all'occupazione di trentacinque-quaranta chilometri per un'ampiezza di fronte di 20, più di quanto i franchisti avessero sino ad allora ottenuto sul fronte di Madrid dall'inizio del conflitto.

8/3/937

La grande battaglia è cominciata.

Questa notte i battaglioni avanzati hanno rotto le linee di resistenza nemica e si sono infiltrati nel loro terreno. Si dice che la rottura sia stata abbastanza dura, ma che il nemico non ha saputo resistere alla impulsiva nostra avanzata. [...] verso sera vediamo passare le prime autoambulanze trasportanti i feriti del primo combattimento. Confesso che al vedere i feriti, ci danno una sensazione poco piacevole, tutti imbrattati di sangue, chi con la testa rotta, chi senza una gamba, chi senza un braccio, c'è chi si lamenta e chi grida, è una cosa infatti che fà venire freddo nella schiena. Guardiamo rassegnati questo spettacolo che proprio non ci

---

99   Bonezzi 1996, p.19.

voleva, ma che nello stesso tempo ha servito a darci l'idea di ciò a cui andiamo incontro, si sà la guerra è guerra perciò non c'è da meravigliarsi[100].

La notte tra il nove ed il dieci marzo non esisteva più un fronte repubblicano definito. Un attacco notturno dei legionari sarebbe stato risolutivo. Nuovoloni però - pur informato dall'ufficio "I" (informazioni) dell'arrivo di sempre nuovi reparti avversari, trasferiti dal fronte dello Jarama - tutt'ora inattivo- e da Madrid non si sentì di rischiare un attacco notturno, per timore di un'imboscata nei boschi che fiancheggiano la *Carretera di Francia*. L'occasione fu perduta, e venne perso del tempo fondamentale.

Alle quattro del mattino del 10 marzo arrivarono a Torrija i fuoriusciti del battaglione *Garibaldi* (XII *Brigata Internazionale*). Il comandante del battaglione, Pacciardi, era a Parigi, ed era subentrato nel comando il vice comandante, Ilio Barontini, che nel corso della battaglia sarà colto da una violenta crisi di panico.

Dirà con aperto e motivato disprezzo il generale sovietico Kléber che *piangendo e tremando per il terrore, aveva fatto una misera figura ed era diventato lo zimbello dei suoi uomini*.

Poco prima dell'alba del 10 l'XI Brigata Internazionale completò lo schieramento, nel bosco di Trijueque dei battaglioni *Thaelmann*, *André Marty* e *Commune de Paris*, ed all'alba cominciò l'afflusso anche del resto della XII con due gruppi di artiglieria.

Ma se le truppe di Nuvoloni rimasero ferme, non così quelli del console generale Enrico Francisci, ben altra tempra di comandante.

La colonna legionaria di sinistra lanciò in avanti due *banderas* del 5° Gruppo *Banderas 23 Marzo* lungo la sconnessa e malagevole carretera fiancheggiante il rio Tajuna.

Il migliaio di Camicie Nere di Francisci prese di sorpresa Brihuega catturando oltre ad un maggiore ed a cinque ufficiali, 130 soldati repubblicani, due cannoni, e, soprattutto, magazzini colmi di viveri e munizioni. La mattina seguente, dopo aver riparato un'interruzione stradale sula strada di Almadrones, giunsero due *banderas* del console Bulgarelli, che scavalcarono gli uomini di Francisci, dirigendosi verso Torrija. Le Camicie Nere di Bulgarelli risalirono i fianchi scoscesi della conca di Brihuega, raggiungendo la meseta, un pianoro brullo e privo di ripari, che giunge, dopo due km, ai margini di un fitto bosco, da dove gli italiani vennero investiti dal fuoco di 6 T26B, di cannoncini controcarro, e degli uomini del *Garibaldi*, nascosti tra gli alberi. Le Camicie Nere tentarono un contrattacco, che, se riuscì a far ripiegare i comunisti italiani, non poté nulla contro i carri sovietici, poiché i legionari disponevano solo di armamento leggero.

Le cose andarono meglio alle Camicie Nere della *Penne Nere*, che diedero il benvenuto agli internazionali, infliggendo una batosta all'XI *Brigada Internacional*, lo stesso giorno del suo arrivo in linea.

Sulla *Carretera de Francia*, davanti Trijueque, i militi della 3a divisione attaccarono, con

---

100   Bonezzi 2006, pp.19-20.

l'appoggio dei CV35 lanciafiamme, il battaglione *Commune de Paris*, formato da francesi, annientandolo, e costringendo al ripiegamento la XI Brigata Internazionale, malgrado l'intervento in sostegno degli internazionali della 50ª *Brigada Mixta* repubblicana[101].

L'undici marzo si ebbe una stasi delle operazioni, dovuta alla sempre crescente resistenza repubblicana, dovuta all'afflusso al fronte le proprie unità migliori, le *Brigadas Internacionales*, oltre alla brigata *Campesinos*, alla *Brigada de Carros de Combate* del gen. D. Pavlov (sovietica, su cinque compagnie di carri T26 B).

La stasi permise ai repubblicani di far affluire da Madrid nei giorni seguenti numerosi reparti che, assieme a quelli già giunti, attaccarono il diciannove marzo.

Per la prima volta entrarono in linea anche i fuoriusciti italiani dei battaglioni *Nannetti* e *Garibaldi*. Per i legionari fu una sorpresa sgradita. Italiani contro italiani.

Ricorda Renzo Lodoli, ufficiale della *Littorio* proveniente dai Granatieri:

Sì, ecco cantavano. Tra le raffiche di vento e gli scrosci di pioggia s'alzavano nel bosco le note di Giovinezza. *Il canto ci guidava. Cento metri ancora e saremmo arrivati. Ma a dieci passi sorsero due ombre da un cespuglio, indefinite, avvolte in mantelle e coperte, una voce aggressiva ci accolse:*

"Alto là".

Ci fermammo. Italiani, meno male.

"Chi va là?"

"Littorio".

Camicie nere della bandera Folgore.

"Dov'è il comando?"

"Cinquanta metri indietro".

"E voi che fate qui?"

"Le vedette".

"Le vedette? Se cantano *Giovinezza a piena gola qua dinanzi*".

---

101   Incredibilmente ancora oggi il reale andamento degli scontri viene totalmente stravolto da taluni autori, che si basano sulle falsità pubblicate dalla propaganda repubblicana:

La battaglia fu durissima. Ci furono assalti e tentativi di colpi di mano ma anche cedimenti, come quello delle Penne Nere che fuggirono davanti al nemico, lasciando indietro cinque cannoni e dimostrando lo scarso addestramento di molti soldati partiti per la Spagna per la paga e senza una precisa idea della guerra che si andava a combattere (Razeto 2015, p.78)..

Come scritto, la realtà è opposta, e furono gli internazionali dell'XI *Brigada Internacional* a doversi ritirare; cfr. De Vecchi, Lucas 1976, pp. 132 segg; Colloredo 2012, p. 84. Oltretutto le Camicie Nere della *Penne Nere* erano in gran parte veterani degli Alpini, tanto che fu la divisione che ebbe meno rimpatri dopo Guadalajara (*ibid.*, p.86).

"I rossi cantano. Tutte le notti. I rinnegati del battaglione *Garibaldi. Ci sfottono, porci*"[102].

Si trattava di sei brigate di fanteria : la 9ª, 35ª, 65ª, arrivate l'11 marzo, la 33ª, arrivata il 13; il giorno dopo giunse anche la *Brigada de Choque*, cui il sedici si aggiunse anche la 70ª *Brigada*, due battaglioni della 6ª e della 7ª *Division*, i battaglioni comunisti *Barceno, Huelva, Goya* e *Joventud*, un reggimento indipendente di fanteria, un battaglione e tre compagnie di cavalleria, due battaglioni mitraglieri, uno del genio ed tre d'artiglieria.

Soprattutto i consiglieri militari sovietici decisero l'impiego a massa dei corazzati BT.5[103] e T26B[104], schierandone venti sulla Carretera de Francia e quaranta nel settore di Brihuega.

I fuoriusciti italiani tentarono anche, sia pure con mezzi rudimentali, una sorta di guerra psicologica che diede ben pochi risultati, soprattutto visto che in buona parte gli italiani erano volontari fascisti politicamente motivati e non certo pronti a cedere agli inviti alla diserzione ed alle parole d'ordine di ispirazione marxista ed inneggianti alla lotta di classe. Ancora Lodoli:

Tra gli alberi risuonò una voce forte: "Attenzione". Ci fermammo sorpresi, sbigottiti. "Attenzione". Un altoparlante. "Ufficiali, soldati dell'esercito italiano. Siete stati ingannati, venduti, condotti al macello dai vostri capi.

Avete impugnato le armi per sopprimere la libertà di un popolo che solo chiede di essere lasciato al suo destino, che solo vuole lavorare e vivere in pace. Non conoscete la vera libertà, che è qui tra noi, solo tra noi. Non la conoscete e vi battete per opprimerla. Gettate le armi. Non combattete più per un pugno di generali fedifraghi, che della Spagna vogliono fare una colonia fascista. Venite con noi. Vi aspettiamo. Lasciate la Spagna agli spagnoli".

E loro che ci facevano?[105]

---

102   Lodoli 1989, pp. 37- 38.
103   Il BT5, prodotto dalla fabbrica *Komintern* di Kharkov dal 1933, montava in torretta un pezzo da 45/46 M 1932, sino allo scoppio della guerra mondiale forse il miglior pezzo controcarro del mondo montato su un carro (poteva perforare la corazza frontale del CV 35 italiano o del Pz.Kf.Wg. 1 tedesco presenti in Spagna alla distanza di più di 1.500 metri, mentre le mitragliatrici dei due carri leggeri non potevano penetrarne la corazza frontale) con una corazzatura max di 22mm, e con una velocità su strada di 73 km/h.
104   Il T26B, anch'esso prodotto dalla fabbrica *Komintern* di Kharkov, montava lo stesso pezzo da 45 mm; aveva una corazzatura max di 25mm e una velocità su strada di 27 km/h.
105   Lodoli 1989, p.39.

LA CONTROFFENSIVA REPUBBLICANA

Quando iniziò la controffensiva repubblicana, la cui punta di lancia erano i brigatisti internazionali e la *Brigada Carros de Combate Pavlov*, le linee italiane ressero bene l'urto della XI -battaglioni *Thaelmann* (comunisti tedeschi), *Commune de Paris* (francesi), *Edgar Andre* (tedeschi) - e della XII Brigata internazionale - composta dai battaglioni *Garibaldi* (rinnegati italiani), *Dombrowski* (polacchi), *André Marty* (francesi e belgi) - e della brigata del *Campesino*, tranne nel settore di Brihuega, tenuto dalla 1a divisione volontari *Dio lo vuole*, dove le CC.NN. del 1° Gruppo *Banderas*, non abbastanza armate e prive di un addestramento adeguato, cedettero ripiegando davanti ai quaranta T26B di Pavlov, senza riuscirsi a riorganizzare sulle posizioni retrostanti, anche per il panico seguito alla morte del comandante, ten. col. Frezza e per la mancanza di armi anticarro.

Ma altri reparti invece si portano assai meglio, senza cedere al panico, in particolare la 3ª divisione CCNN *Penne Nere*.

Come indica chiaramente il nome, la *Penne Nere* era in buona parte formata da ufficiali e truppa provenienti dagli Alpini, o di origine settentrionale. Sull'elmetto delle Camicie Nere delle sue *Banderas* compariva spesso dipinto a mascherina il fregio degli Alpini[106].

Il personale di tale divisione, formato da uomini ben addestrati e ben motivati, inquadrati da ufficiali provenienti dalle truppe da montagna, dimostrò infatti un'eccellente combattività nel corso della battaglia, infliggendo forti perdite agli *internazionali*; la 3ª *Penne Nere* fu la divisione che ebbe meno rimpatri dopo lo scioglimento delle divisioni CCNN e la selezione del personale ed il rimpatrio degli elementi meno idonei seguita all'insuccesso di Guadalajara, tanto che le sue Camicie Nere furono trasferite nel Raggruppamento *23 Marzo* di Francisci.

Scrive nel suo diario una Camicia Nera scelta, Franco Bonezzi, descrivendo l'attacco dei T26B sulle posizioni dell'11° Gruppo *Banderas* del Console Liuzzi:

Non si capisce una cosa: la nostra artiglieria non spara. Cosa vorrà dire ciò? Al contrario da qualche minuto , cominciano a fioccare le granate nemiche che cadono dappertutto. In lontananza si sentono dei [sic!] strani rumori, che noi purtroppo abbiamo già cominciato a conoscere. Sono i Carri Armati, metto il naso cautamente fuori dalla mia tana, e mi si agghiaccia il sangue nelle vene. Una interminabile fila di quei mostri d'acciaio avanza lentamente verso di noi, credo saranno più di trenta. Vengono avanti piano, piano, proprio come dei grossi lumaconi, qualc'uno dei miei compagni stanno pure a guardare esterrefatti. C'è poco da fare, ci siamo. Cerchiamo di approfondire il più possibile i nostri ripari e rassegnati attendiamo.

I signori non si fanno aspettare troppo, dopo pochi istanti cessano i rumori dei motori e <u>cominciano ad </u>arrivare alcuni proiettili d'assaggio, subito dopo comincia un vero e proprio

---

106   S. Ales, A. Viotti, *Le uniformi e i distintivi del Corpo Truppe Volontarie in Spagna 1936- 1939*, Roma 2004, p. 176, tav.11,8..

uragano di ferro e di fuoco. Io non ci capisco più niente, arrivano fitti, proprio come la grandine fortunatamente, dato che il terreno è molto bagnato, molti proiettili non esplodono, ma dico io che ogni fischio che sentiamo ci apre il cuore dal terrore.

Ci sono vari feriti, è da ammirare la calma delle CC.NN. nessuno si muove dal suo posto, appena uno viene ferito, lo prendono e lo portano via[107].

All'attacco dei carri si aggiunse quello dell'aviazione repubblicana, che poteva utilizzare i campi di Madrid, con le piste in cemento, a differenza di quelle Legionaria e nazionale che operavano da campi di fortuna. Nei mitragliamenti rimase ucciso il Console generale Alberto Liuzzi, comandante dell'11 Gruppo *Banderas*, mentre si trovava in prima linea per rianimare e rinsaldare l'animo delle proprie Camicie Nere durante l'assalto dei carri sovietici. Liuzzi, un friulano di origini ebraiche, volontario negli Alpini, aveva voluto dare alle proprie *banderas* i nomi di battaglie delle penne nere. Scrive Bonezzi nel suo diario:

Veniamo intanto a conoscenza che durante i bombardamenti di questa mattina sulla strada, è rimasto vittima il nostro Comandante di reggimento Console Generale LIUZZI, poveretto era un fegataccio, era l'unico Ufficiale che ci ispirasse fiducia. Nessuno potrà mai dimenticarlo, anche se alquanto severo, era molto buono e ci voleva bene a tutti[108].

Parole queste che dimostrano come la Medaglia d'Oro di cui il Liuzzi venne insignito alla memoria fosse meritata.

Il colonnello C. Salvi, comandante del 2° Gruppo *Banderas*, di propria iniziativa riuscì a chiudere la falla nel settore del 1° Gruppo, e la situazione sembrò ristabilita, tanto più che l'attacco repubblicano era andato scemando d'intensità per arrestarsi alle 19.00.

Ma il comandante della *Dio lo vuole*, generale Rossi, perse la testa ed alle 19.15 comunicò d'aver ordinato alla propria divisione la ritirata, il che costrinse il gen. Roatta, comandante del C.T.V. a dare l'ordine di arretramento sulla seconda posizione (linea Cogolludo-Ledanca-Masegoso) tutte le divisioni.

Qui si ebbero ingorghi dovuti allo scavalcamento tra la 1a divisione *Dio lo Vuole* e reparti della *Penne Nere*, che permisero agli aerei repubblicani (l'aviazione legionaria e quella nazionalista erano impossibilitate a volare per le condizioni dei campi di fortuna come Talavera, a differenza di quelli di Madrid, asfaltati) di distruggere molti automezzi bloccati negli ingorghi e di causare gravi perdite.

Nell'euforia seguita ai fortunati attacchi alle punte avanzate del C.T.V., il comandante repubblicano, Miaja, concepì il disegno strategico di lanciare tutta la propria forza d'urto, sostenuta da quaranta carri sovietici, contro il punto che riteneva più debole e provato dello schieramento italiano: Brihuega, dove, ai margini del bosco, i legionari controllavano la posizione di Palacio de Ibarra, un castello del XII secolo costruito per controllare la Strada di Francia.

Scopo di Miaja era sfondare ed avvolgere da tergo l'intero schieramento del C.T.V.: scrive Giovanni Artieri che sarebbe stata la Waterloo del Fascismo, il compenso per le innumerevoli

---

107   Bonezzi, pp.29- 30.
108   Bonezzi 2006, p.39.

delusioni sofferte dall'antifascismo mondiale, per la consistenza e durata del regime di Mussolini, per la guerra di Etiopia, stravinta contro ogni ragionevole previsione, per la questione economica e sociale superata, con il solito *crâne* e la solita sfacciata fortuna mussoliniana[109].

Il tentativo ebbe luogo, ma i combattimenti dei giorni precedenti avevano indeboliti i *rojos* non meno delle Camicie Nere; e a Brihuega si trovarono di fronte le Camicie Nere della *bandera Indomita* ed i legionari della *Littorio* del generale Bergonzoli. Attaccarono i fuoriusciti dei battaglioni *Thaelmann* e *Nannetti*, dal morale elevatissimo, che andarono all'assalto cantando *l'Internazionale* e *Bandiera Rossa*.

Su Palacio de Ibarra i mitraglieri della *Littorio* per tutta risposta esposero sul castello la fiamma nera di combattimento, chiamata *Calavera* per il teschio ricamato, che portava il motto *Mueran los comunistas*.

Per alzare il morale dei suoi legionari, il comandante della *Littorio*, Bergonzoli[110], che si guadagnò il soprannome di *Barba Elettrica* proprio a Guadalajara, dove combatté in prima linea armato di moschetto, ordinò alla fanfara di suonare durante il combattimento la *Marcia Reale* e *Giovinezza*.

Al canto degli attaccanti

Völker hört die Signale!

Auf zum letzten Gefecht!

Die Internationale

Erkämpft das Menschenrecht!

Fece eco dalle linee italiane:

Salve o popolo d'eroi

Salve o Patria immortale

Son rinati i figli tuoi

Con la fe'nell'ideale!

---

109   Artieri 1995, p.199.
110   Annibale Bergonzoli (Cannobio, 1 novembre 1884 – Cannobio, 31 luglio 1973) combatté nella guerra di Libia (1911-12), nella Grande Guerra, nella riconquista della Libia (1919-31), nella guerra d'Etiopia (1935-36), dove si distinse brillantemente nella conquista della città etiopica di Neghelli comandando una colonna celere, e nella guerra civile spagnola (1936-1939) dove comandò la Divisione d'Assalto *Littorio*, e, come comandante di Corpo d'Armata, in Africa settentrionale.Dotato di barba fluente, i suoi legionari lo soprannominarono "barba elettrica", per il grande coraggio che dimostrava in battaglia (a Guadalajara respinse personalmente un assalto di internazionali tedeschi combattendo alla baionetta!). Venne decorato della Medaglia d'Oro al Valor Militare nella battaglia di Santander nel 1937, di due Medaglie d'Argento e di una di Bronzo al V.M e di una promozione sul campo per meriti di guerra.Comandante del XXIII° Corpo d'Armata in Libia, partecipò all'invasione dell'Egitto del 1940, dopo la caduta della città di Bardia (5 gennaio 1941) riuscì a sfuggire alla cattura e percorse a piedi circa 120 km raggiungendo Tobruk. Il 7 febbraio 1941 venne fatto prigioniero dagli inglesi, che lo internarono dapprima in India, nel campo di Iol, e poi negli USA ad Heresford, in Texas come *non collaboratore*. Rientrato in Italia nel 1946 Bergonzoli si ritirò a Cannobio dove morì il 31 luglio 1973.

Per due giorni e mezzo le Camicie Nere si batterono a Palacio de Ibarra, fino a quando una grossa carica di dinamite fece saltare il torrione del castello, e per due volte italiani e internazionali, appoggiati dai BT5 sovietici, persero e ripresero le posizioni. Il centurione Luigi Giuliani della *Indomita*, caduto in uno scontro alla baionetta, ed il capomanipolo Mina della *Bandera Falco*, che era riuscito a spezzare l'assedio di una posizione rimasta isolata, vennero decorati con la Medaglia d'Oro alla memoria, come anche la Camicia Nera Alessandro Lingiardi, un ufficiale arruolatosi come semplice legionario, che aveva rinunciato al grado nel Regio Esercito per poter venire in Spagna con la Milizia, caduto sulla propria mitragliatrice dopo aver rifiutato di arrendersi.

E gli internazionali non sfondarono.

I brigatisti, provati dalle perdite - a Palacio de Ibarra i tedeschi del battaglione *Thaelmann* erano stati annientati totalmente dalla *Littorio* che aveva altresì inflitto pesanti perdite ai fuorisciti italiani del battaglione *Nannetti*, che in una modesta azione sul fianco della *Littorio* aveva perso ben 150 morti[111]- non tornarono all'attacco consentendo ai legionari di rafforzarsi sulle posizioni arretrate. Dopo lo scontro di Palacio Ibarra con la *Littorio* il *Thaelmann* aveva perso ogni possibilità operativa; quando giunse l'ordine d'attaccare la risposta fu: *Impossibile! Il battaglione Thaelmann è stato distrutto!*[112].

Avevano promesso di non aver pietà della *canaglia fascista, dei cani traditori*:

Dem Faschistengesindel keine Gnade,

keine Gnade dem Hund der uns verrät[113],

E invece non l'avevano ricevuta.

Il 18 marzo, alle 13.50 attaccarono di nuovo i venti T26B della *Brigada Carros de Combate Pavlov*[114]. Dopo aver travolto inizialmente alcune posizioni avanzate, i sovietici vennero contrattaccati dai legionari della *Littorio* con bottiglie incendiarie e granate e fermati dai tiri ad alzo zero dei 65/ 17.

Il tenente Rosario Abate, un giovane studente universitario di religione ebraica, aveva piazzato uno dei suoi pezzi in prima linea proprio mentre i T26B attaccavano. Con straordinario sangue freddo, puntando personalmente il pezzo Abate colpì e incendiò uno dietro l'altro due carri sovietici. Alla fine del combattimento, quando davanti al suo pezzo bruciavano le carcasse di sei T26B repubblicani, Abate cadde colpito a morte.

Accanto alla casa, inciampai in una barella. Accesi la mia lampadina. Abate era là sopra, il volto squarciato, gli occhi vuoti, le braccia pendoloni.

---

111   Telegramma del gen. Roatta all'Ufficio Spagna n.727/3132 del 18 marzo '37.
112   AAVV, *The Third Reich. Iron Fists*, New York 1988, p.155
113   *Nessuna pietà per la canaglia fascista, nessuna pietà per i cani traditori.* (R. Espinosal, C. Polacco, *Lied der International Brigaden*).
114   Il numero è ripreso da Barlozzetti, Pirella 1986, p. 60.

"È morto sul pezzo. Un'esplosiva in bocca"[115].

Per l'ebreo Abate, come per molti altri, non era una *cruzada* per difendere il cattolicesimo, ma per salvare l'Europa dal comunismo e per il trionfo dell'idea fascista, di cui il giovane studente israelita, esponente dei G.U.F., era fervido sostenitore .

Secondo Barlozzetti e Pirella negli scontri la *brigada Pavlov* perse quattordici carri, oltre a tre probabili[116].

Su come si siano battuti gli uomini della *Littorio* fanno fede i seguenti episodi, oggi totalmente dimenticati dall'Italia ufficiale.

A Valdarenas il sottotenente torinese Bruno Cavallotti, già ufficiale di leva dei Bersaglieri e studente di Giurisprudenza, volontario in Spagna *per dare sostanza alla sua fede politica*, come scrive Fermo Roggiani nella sua storia dei Bersaglieri (un'altra smentita, se mai ve ne fosse bisogno, alle fanfaluche della propaganda antifascista sui legionari ignari di dove venissero inviati…) comandante il plotone arditi del I° battaglione del 2° Reggimento *Littorio* assalta il campanile di Valdarenas, su cui i repubblicani hanno esposto la bandiera rossa, e la strappa ai nemici[117].

Un altro bersagliere merita di essere ricordato, il capitano Paolo Paladini, comandante il I battaglione Carri d'Assalto, veterano della Grande Guerra e della riconquista della Cirenaica. Sul ponte minato di Rio Campenillas affronta i rossi ergendosi dal portellone del suo CV35 e gridando loro frasi di scherno. A Trijueque difende il suo carro, accerchiato dagli internazionali, a colpi di bombe a mano. Sfugge rocambolescamente alla cattura nel bosco di Brihuegua aprendosi un varco nelle file repubblicane svuotando sui rinnegati della *Garibaldi* che avevano circondato il suo carro d'assalto il caricatore della sua Beretta[118].

La ritirata ordinata sconsideratamente da Rossi alla 1ª Divisione *Dio lo vuole* minacciava di lasciare scoperto il fianco sinistro dei legionari di Bergonzoli L'ordine di ripiegamento giunse alla *Littorio* quando le truppe di Lister si erano ritirate dopo la distruzione del *Thaelmann* e le fortissime perdite subite dal *Nannetti* ed il fallito attacco dei corazzati sovietici. Consapevoli di essere vincitori, i legionari accolsero l'ordine di ripiegamento con sconcerto, avendo creduto di dover al contrario avanzare ed inseguire i rossi.

All'alba del 19 venne ordinato alla 10ª *Bandera* del 1° Reggimento *Oso l'inosabile*, di cui faceva parte il tenente Lodoli di spostarsi.

Qualcuno mi batté sulla spalla. Il sergente con un fante sconosciuto.

---

115   Lodoli 1989, p. 55.
116   Barlozzetti,. Pirella 1986, p.61.
117   F. Reggiani, *Storia dei Bersaglieri d'Italia*, Milano 1973, p.276. Cavallotti si distinguerà a Santander e sul Monte Quera, cadendo a Torrecilla de Alcañiz esattamente un anno dopo, il 19 marzo 1939, guadagnandosi la Medaglia d'Oro al Valor Militare alla Memoria. Cfr. anche M. Garofalo e all., *I Bersaglieri. Le origini, l'epopea e la gloria*, Udine 1997, p. 362 con la motivazione della MOVM.
118   Roggiani 1973, p. 227. Paladini cadrà il 12 aprile 1938 durante la battaglia dell'Ebro, anche lui MOVM. Franco lo decorerà con la massima decorazione spagnola, la *Cruz Laureada de San Ferdinando*, che lo stesso *Caudillo* non riceverà che a guerra conclusa. Per la motivazione, cfr. Garofolo e all. 1997, p.466.

"Dobbiamo andarcene, signor tenente".

"Dove?"

"Alla cantoniera. Sono tutti là. Ci ritiriamo. S'erano dimenticati di noi. Siamo rimasti soli nel bosco".

Il fante sconosciuto mi consegnò un biglietto.

"Ripiegare subito sulla cantoniera".

Ci ritiravamo? Ma se davanti non c'era più nessuno. Anche i cecchini se n'erano andati. Ordini. Forse uno spostamento. Sfilammo nel buio, carichi di tutta la nostra roba. Entrai nella casetta. Volti scuri.

"Il reggimento si sposta di dieci chilometri".

"Avanti?"

"No, ci ritiriamo. Ordini. Il vostro plotone con il plotone arditi assicuri il ripiegamento. Si sposti a casa Titado, quota 922. Prenda posizione e aspetti"[119].

Il 19 marzo vi fu l'ultima apparizione di carri sovietici alle spalle della *Littorio*, nel tentativo di accerchiare i legionari, ma vennero allontanati dal tiro delle Breda da 20 mm.

Roatta, turbato dai rapporti di Rossi, era molto preoccupato, tanto da inviare a Roma, alle otto del mattino del 19 marzo, un telegramma in cui proponeva il ritiro del C.T.V.. Poi si recò in ispezione nelle prime linee, e qui constatò come stessero realmente le cose: non solo la linea era ristabilita, non c'era la minima traccia di truppe in preda al panico, i legionari erano stanchi ma perfettamente calmi; non solo la *Littorio*, ma anche i reparti della *Dio lo vuole!* dati per sbandati erano invece perfettamente in ordine. Roatta, in preda ad una rabbia crescente, si rese conto che il ripiegamento *non era propriamente necessario* , tanto da inviare, alle 20.00, un nuovo telegramma:

Ispezionato nuove posizioni e retrostanti artiglierie, rilevando ovunque, come su strada, calma, tranquillità ed ordine.

Specialmente attiva e a posto divisione Littorio. Anche reparti 1a Divisione che ieri sera a Salamanca erano stati dati come sbandatisi, raggiungevano in ordine, calmi e compatti, la loro sede. È perciò verosimile che arretramento 1a Divisione sia dovuto fenomeno non insolito, per cui, a un certo momento, ci si crede battuti senza esserlo. Questo stato d'animo fu causato certamente dal cedimento improvviso sinistra divisione, propagatosi all'indietro, mentre centro e destra stessa divisione tenevano bravamente fronte diverse altre ore. Avversario (cui forze attaccanti sono calcolate tra 15.000 e 20.000 uomini) provato dalle enormi perdite non ha molestato nostro ripiegamento, riprendendo contatto, mezzo pattuglie, lungo strada Brihuega solo verso imbrunire di oggi. Quanto sopra mi convince che ripiegamento 1a Divisione non era probabilmente necessario. D'altra parte a ripiegamento già compiuto, le esigue forze

119   Lodoli 1989, p. 60.

della mia riserva e la stanchezza delle truppe impegnate nell'aspro combattimento di ieri non consentivano più oggi di cercare di ristabilire la situazione primitiva[120].

Le perdite subite a Brihuega e la batosta inflitta dalla *Littorio* agli *internazionali* durante i combattimenti del 18 marzo avevano prostrato i repubblicani, che si fermarono per riorganizzarsi e per leccarsi le ferite, come le truppe del Campesino a Brihuega, sulla *Carretera de Francia*, i brigatisti, sconfitti e bloccati dalle truppe di Bergonzoli impiegarono ventiquattr'ore prima di capire che gli italiani s'erano ritirati, e impiegarono una seconda giornata per portarsi faticosamente a contatto con la nuova linea del C.T.V., perdendo così tempo prezioso e consentendo ai legionari di rafforzarsi e fare muro.

Anche la *Dio lo vuole!*, l'unità più provata dagli scontri (e la peggio comandata) ripiegò piuttosto ordinatamente, come dimostra il basso numero di uomini catturati dal nemico e dalla scarsa quantità di materiale perduto.

I *rojos* tornarono all'attacco solo il 21 ed il 22 con violenti attacchi respinti dagli italiani senza difficoltà; ciò portò il governo repubblicano a porre termine alla controffensiva, e le linee si stabilizzarono.

Il 23 marzo, diciottesimo anniversario della fondazione dei Fasci di Combattimento, i rossi tentarono il loro ultimo attacco.

Il 23 marzo i rossi sferrarono un ultimo attacco. La fanfara del reggimento si schierò in trincea, li accolse suonando Giovinezza. I legionari cantavano dietro la musica. Li respinsero ancora una volta alla baionetta.

Il 24 ci rilevarono i navarresi, la *boina rossa in capo, una manta indosso, le scarpe di corda*.

La battaglia di Guadalajara era conclusa. Solo persisteva in noi, poveri fanti della Legione, la certezza amara di avere vinto.

Sì, di avere vinto là nel bosco di Brihuega contro i miliziani di tutta Europa. E sorgeva continuo, insistente, ossessionante, doloroso l'interrogativo:

"Perché ci siamo ritirati? Perché abbiamo lasciato i nostri morti?"[121].

Arrestati dagli italiani, provati dalle perdite subite, i repubblicani non erano più in grado di condurre ulteriori operazioni; né erano disponibili rinforzi. Scrisse Vicente Rojo Lluch, il capo di Stato Maggiore dell'Ejercito Populàr:

Mancavamo di riserve per dare il cambio a quelle truppe che si battevano da tredici giorni[122].

Se gli spagnoli avessero attaccato almeno in quel momento le esauste forze repubblicane, mentre venivano fissate, bloccate e respinte dagli italiani, altrettanto esausti, con un attacco

---

120   Telegramma di Martini (Roatta) del 19 marzo 1937, h.20.00 , cit. in R. Canosa, *Mussolini e Franco. Amici, alleati, rivali: vita parallela di due dittatori*, Milano 2008, p.154.
121   Lodoli 1989, p. 65.
122   V. Rojo Lluch, cit. in Razeto 2015, p.

dal fronte dello Jarama, attaccando con forze fresche alle spalle e sui fianchi le dissanguate brigate internazionali, la battaglia sarebbe sicuramente divenuta un successo nazionale. Ma, come l'8 marzo, ancora una volta Varela e Moscardò non si mossero, perdendo un'occasione irripetibile di troncare probabilmente senza troppe perdite il saliente di Madrid.

Mussolini venne raggiunto dalle notizie della battaglia mentre era in visita ufficiale in Libia. La notizia gli venne portata mentre si trovava nel teatro romano di Sabratha, mentre assisteva alla rappresentazione di una tragedia di Sofocle, l'*Edipo re*.

A richiamarlo a Roma fu soprattutto il clamore della grancassa antifascista. Partì dalla Libia con un giorno d'anticipo rispetto al programma, a causa, ufficialmente, del *ghibli* che impediva le manifestazioni organizzate dal governatore Italo Balbo.

In realtà, ricorda Giovanni Artieri, fu perché il Duce credette in un primo momento a ciò che gli dissero i giornalisti inglesi e statunitensi del suo seguito: che cioè in Spagna si fosse verificato un disastro militare, che il Corpo Truppe Volontarie fosse stato distrutto, e così via.

A Roma, dai rapporti, constatò, con la sua fulminea capacità di sintesi, la reale entità di quello che era realmente accaduto.

Prima di dire la sua, il Duce aspettò tre mesi.

Il 17 giugno il *Popolo d'Italia*, il quotidiano del Partito Nazionale Fascista, pubblicò un editoriale senza firma intitolato *Guadalajara*.

Anche se anonimo, tutti sapevano che l'autore era il fondatore e direttore del quotidiano, Benito Mussolini. Lo stile duro ed asciutto non lasciava alcun dubbio al riguardo[123].

Era un articolo piuttosto equilibrato per le circostanze, che esaminava le cause dell'insuccesso, ammetteva le perdite, stigmatizzava la propaganda fatta dagli antifascisti e *le jene in sembiante umano* che *si gettarono sul sangue purissimo della migliore gioventù italiana*.

Mattina dell'8 marzo dell'anno XV, sull'altipiano della Vecchia Castiglia, flagellato dai venti, pietroso e nudo come il Carso della guerra mondiale. Trenta chilometri di marcia d'avvicinamento sotto il nevischio e con le uniformi adatte al clima mediterraneo di Malaga. Molte notti passate all'addiaccio. Quando i primi plotoni dei legionari scattano, il termometro segna cinque gradi sotto zero e il cielo è coperto di nubi di tempesta che impediscono alla meravigliosa - ripetiamo meravigliosa! - aviazione legionaria di innalzarsi in volo. Prima domanda. Si poteva ritardare l'azione per attendere giornate migliori? Certo, ma qualsiasi variante a piani stabiliti nel tempo e nel modo, pone delle nuove incognite, presenta difficoltà e complicazioni. Era lecito prevedere che il maltempo sarebbe durato oltre il ragionevole, quantunque nelle Sierre del centro tutt'affatto continentale della Spagna la stagione invernale sia particolarmente rigida e lunga.

---

123   Fu il numero più venduto nella storia del giornale, più di quelli del 24 maggio 1915, del 4 novembre 1918, del 28 ottobre 1922 o del 5 maggio 1936. La tiratura del *Popolo d'Italia* andò presto totalmente esaurita, e l'editoriale dovette venir ripubblicato anche nei giorni seguenti.

Per disporre di una giornata migliore quanto tempo sarebbe stato necessario attendere?

I legionari italiani ebbero da affrontare un primo terribile nemico: gli elementi. Ciò nonostante essi travolsero nelle prime giornate tutte le difese rosse, presero d'assalto una posizione dopo l'altra, fecero letteralmente 'rotolare' reparti e battaglioni di miliziani, l'avanzata raggiunse in profondità ben quaranta chilometri dal punto di partenza: le avanguardie si attestarono nei dintorni di Guadalajara. Tutto ciò accadde con rapidità fulminea, marciando nel fango, sotto il nevischio, senza appoggio sistematico di artiglieria e di carri armati.

Il Comando franco-russo di Madrid comprese il pericolo mortale costituito dalla perdita di Guadalajara. Qualora i legionari si fossero impadroniti di questa piccola, ma strategicamente importantissima città, Madrid avrebbe dovuto capitolare.

La calma regnava in quei giorni su tutti i fronti spagnoli e specialmente su quello di sud-est di Madrid dove l'offensiva nazionale aveva ottenuto successi di semplice natura tattica. I legionari non potevano e non dovevano che contare su se stessi. Il comando franco- russo poté quindi ammassare le brigate internazionali con una forza valutata tra i quindici e i ventimila uomini bene comandati, potentemente armati e lanciarle al contrattacco. La battaglia ebbe allora momenti durissimi. Alcune posizioni passarono più volte dai rossi ai legionari e viceversa. Un battaglione di Camicie Nere che aveva perduto i collegamenti, vide cadere quasi tutti i suoi ufficiali. Ci furono le oscillazioni, le mischie, il disordine furioso e inevitabile che in tutte le battaglie accompagna gli attacchi e i contrattacchi all'arma bianca. Nel bosco della Villa Ibarra si lottò coi pugnali; gli episodi di eroismo ai quali assistettero osservatori stranieri furono moltissimi e splendidi. Il carattere assolutamente offensivo che i comandi avevano impresso all'azione, aveva provocato sulle immediate retrovie l'intasamento degli autocarri carichi di Camicie Nere che avrebbero dovuto sostituire la 1ª Divisione impegnata ormai da una settimana.

Ma l'operazione del così detto "scavalcamento" delle divisioni, che sembrava abbastanza facile sulla carta, non lo è altrettanto nell'inferno della battaglia. Così accadde che le colonne ferme sulle "carretere", o meglio sull'unica "carretera", cioè sulla strada rotabile esistente, fossero facile bersaglio di ondate successive dell'aviazione da bombardamento e da caccia bolscevica, che utilizzava, fino alla notte, i vicinissimi campi di Madrid, mentre quelli dei nazionali erano molto più lontani, e, ciò che è più grave, essendo campi di fortuna, impraticabili.

Fin qui il Comando non aveva commesso errori, se non di circostanza; ma ad un certo punto diede ordine alle truppe di retrocedere e questo fu un errore, un grande errore. Lo stesso Comando lo ammise pochi giorni dopo, effettuato un più calmo esame della situazione: i legionari italiani si erano battuti da leoni, ma non erano stati battuti. Ragioni obbiettive per ripiegare non ce n'erano. Si trattava di superare un momento di crisi di natura morale e che riguardava i comandi. Le truppe si consideravano vittoriose. Inoltre vi erano migliaia di uomini di riserva che non erano stati minimamente impegnati. I legionari di un generale che ha dato prove di coraggio fino alla temerarietà, il generale che i suoi legionari hanno battezzato "barba elettrica", erano impazienti di muoversi e di lanciarsi, ma dovettero obbedire al movimento generale di ripiegamento. Dei quaranta chilometri dell'avanzamento, venti rimasero tuttavia in possesso dei nazionali.

Ottenuto lo scopo di allontanare l'immediata minaccia su Madrid, i rossi non osarono prudentemente spingersi al di là. Essi avevano perduto oltre cinquemila uomini. La battaglia dei dieci giorni si esauriva così il 18 marzo e su quel tratto di fronte da allora regna la stasi della guerra di posizione.

I morti legionari non erano stati ancora sepolti, i convogli dei feriti erano ancora in viaggio verso gli ospedali, quando la stampa antifascista internazionale scatenò la sua vituperevole campagna di invenzioni e di calunnie. In questa impresa brigantesca si distinse tutta la stampa inglese senza eccezioni di sorta, e tutta la stampa francese di sinistra. Lo scacco di un battaglione diventò una disfatta. Un ripiegamento imposto da un Comando e che si svolse in ordine quasi perfetto, fu bollato come una catastrofe, furono nell'inchiostro "suicidati" generali che sono vivissimi, si trassero da un episodio generalizzazioni offensive per tutto l'Esercito italiano, dimenticando quel che esso aveva dato di contributo risolutivo alla vittoria degli alleati nella guerra mondiale; le iene in sembiante umano si gettarono sul sangue purissimo della migliore gioventù italiana come se fosse whisky e perdettero ogni residuo di pudore, come fanno le canaglie ed i vigliacchi quando la paura è passata. Noi abbiamo raccolto con diligenza tutte queste pubblicazioni perché un giorno ci serviranno.

L'editoriale proseguiva:

Oggi dopo tre mesi si leggono diverse valutazioni e giudizi più equanimi. Si parla tutt'al più di un "insuccesso", che non poteva avere e non ha avuto conseguenze di carattere militare, un "insuccesso" che la speculazione antifascista è riuscita a gonfiare per un momento, onde rialzare il morale depresso delle masnade bolsceviche sul fronte spagnolo e sul fronte della terza internazionale. Più che di un insuccesso si deve parlare di una vittoria italiana, che gli eventi non permisero di sfruttare a fondo.

Ma ben al di sopra di questi, forse tardivi per quanto obbiettivi riconoscimenti stranieri, sta l'azione dei vivi, dei legionari che successivamente sul fronte di Biscaglia hanno compito azioni degne di storia. Anche per Bermeo la turpe canea della stampa antifascista abbozzò un tentativo di speculazione, ma i fatti lo stroncarono immediatamente con scorno e vergogna di coloro che lo avevano osato.

Ora, ben più alto e solenne parlano i morti. Uomini di tutti i paesi non insensibili alla bellezza di chi muore per un ideale, ascoltate questa sacra testimonianza come l'ascoltiamo noi, in riverente silenzio!

Nella battaglia del marzo i Caduti fascisti furono centinaia e centinaia e ben duemila i feriti. Il Fascismo, che ha abituato gli italiani a vivere una vita di ardimento e di verità, non ha taciuto le perdite, ma ha pubblicato i nomi, additandoli alla riconoscenza della Nazione e alla esaltazione vendicatrice delle Camicie Nere.

Il Duce concludeva l'articolo con una promessa.

Dove, quando, come non è oggi possibile dirlo. Ma una cosa è certa, come un dogma di fede, della nostra fede: anche i morti di Guadalajara saranno vendicati[124].

---

124   *Il Popolo d'Italia*, n. 167, 17 giugno 1937 XXIV.

La situazione venutasi a creare a Guadalajara portò il nuovo comandante del C.T.V., il generale Ettore Bastico, e l'Ispettore Generale della M.V.S.N. Luogotenente Generale Achille Teruzzi, giunto appositamente da Roma, a far rimpatriare quei volontari che si erano dimostrati non all'altezza durante le giornate di Marzo, quali quelli arruolatisi per il premio d'ingaggio, per motivi fisici o morali, in modo da lasciare solo gli elementi migliori e più politicamente convinti. Vennero rimpatriati 591 uomini per motivi disciplinari e 3.128 per mancanza di idoneità fisica.

Bastico, che detestava le Camicie Nere[125], scrisse in un rapporto confidenziale a Ciano del 16 aprile :

Queste divisioni sono quello che sono. L'epurazione è in corso. Ho dato ordini categorici nei riguardi della disciplina (che lascia molto ma molto a desiderare), dell'addestramento (che è tutt'ora all'inizio), dell'armamento (deficientissimo), dell'amministrazione (caotica).

Per il nuovo comandante del C.T.V.,

la divisione Bergonzoli - merito esclusivo del comandante - è buona e buoni, mi si afferma, sono il gruppo Francisci[126] e le brigate miste Guassardo e Piazzoni. Naturalmente qui tutti cercano di addossare ad altri le proprie responsabilità ma è evidente che le cause prime dell'insuccesso di Guadalajara sono state: il difettosissimo inquadramento: l'impreparazione addestrativa: la deficiente disciplina: le avverse condizioni atmosferiche: il collasso psichico di qualche comandante[127].

Bastico, contro le sue stesse aspettative, riuscì a rendere in pochissimo tempo il C.T.V., snellito e rafforzato nella disciplina, nell'addestramento, nel morale, un eccellente strumento bellico, come si vide di lì a poco, superando ogni aspettativa. Per i repubblicani ed i baschi sarà una durissima sorpresa.

---

125   Per valutare correttamente i giudizi espressi da Bastico, occorre tener presente come egli nutrisse una sorta di superiorità verso gli ufficiali e gli uomini della Milizia, considerati dei dilettanti privi di preparazione militare.Nel gennaio 1936, quando si diffusero le notizie circa l'attacco delle truppe del negus contro il Gruppo Battaglioni CCNN Diamanti ed il presidio della divisione *28 Ottobre* a passo Uarieu Ettore Bastico, comandante del III° Corpo d'Armata, sembrò apertamente rallegrarsi della situazione. Scrisse Giuseppe Bottai nel suo diario:

24 GENNAIO 1936. Calma. Sempre più calma. Rifermenta in tutti l'impazienza contro la stasi che si prolunga. Arriva il Generale Bastico, col Capo di S.[tato] M.[aggiore] colonnello Calderini e il Capitano Mosca. E' tutt'allegro. La sua bocca a salvadanaio si stira fino alle orecchie. Ci dà la notizia, che due battaglioni del gruppo C.C.N.N. Diamanti sono stati circondati e decimati. Cinquanta ufficiali e quattrocento militi morti; otto cannoni e molte mitragliatrici perduti. Bastico racconta con leggerezza, con fatuità. "Gli è inutile! Tutto questo dimostra che alla guerra ci vuole preparazione! Non basta mettersi dei galloni sui bracci". Mentre lui, toccandosi sempre più in alto l'avambraccio allude a un gesto osceno, io guardo fisso, con intenzione, i suoi galloni di generale e gli dico, secco: "À proprio ragione, Eccellenza!" Capisce il latino. Si fa serio e se ne va. [...] (Bottai 1989 p.84.)

Il positivo giudizio sulle truppe di Francisci è dovuto alla stima professionale e personale nutrita da Bastico, che ebbe alle sue dirette dipendenze Francisci in Africa Orientale, quando Bastico comandava la 1a divisione CCNN *23 Marzo* prima della promozione a comandante di Corpo d'Armata: P. Romeo di Colloredo, *I Pilastri del Romano Impero. Le camicie Nere in Africa Orientale 1935- 1936* , Genova 2009, pp. 75-76.

126   Gruppo Banderas *23 Marzo.*

127   *Comando Truppe Volontarie a S.E. Galeazzo Ciano, Ministro per gli Affari Esteri- Roma (n.1 confidenziale), Salamanca 16 aprile 1937*, in Rovighi, Stefani, 1993, I bis., doc. 79/ A, pp. 371- 372.

DOPO GUADALAJARA

La situazione venutasi a creare a Guadalajara portò il nuovo comandante del C.T.V., il generale Ettore Bastico, e l'Ispettore Generale della M.V.S.N. Luogotenente Generale Achille Teruzzi, giunto appositamente da Roma, a far rimpatriare quei volontari che si erano dimostrati non all'altezza durante le giornate di Marzo, quali quelli arruolatisi per il premio d'ingaggio, per motivi fisici o morali, in modo da lasciare solo gli elementi migliori e più politicamente convinti. Vennero rimpatriati 591 uomini per motivi disciplinari e 3.128 per mancanza di idoneità fisica.

Dall'Italia vennero inviati in Spagna ufficiali e sottufficiali tecnicamente preparati, vennero istituiti corsi di perfezionamento per graduati e sottufficiali, venne riorganizzato il comando e migliorata l'organizzazione logistica.

In brevissimo tempo il C.T.V. la fisionomia di una grande unità complessa, dotata di autosufficienza logistica con una propria intendenza, *scrive il generale Oreste Bovio, già direttore dell'USSME nella sua ottima storia del Regio Esercito, con generale beneficio delle unità dipendenti che da quel momento ricevettero direttive e ordini accurati e poterono fruire di un supporto tattico e logistico aderente, tempestivo e calibrato alle esigenze operative[128].*

Dei legionari sbarcati a Cadice nel gennaio del 1937, dopo la costituzione dei gruppi di *banderas* che parteciparono alle operazioni su Malaga e Guadalajara, un certo numero di ufficiali, sottufficiali e legionari appartenenti alla Milizia con armi e materiali si rivelarono in esubero; venne pertanto deciso di usare tali esuberi come quadri per la formazione di brigate miste italo-spagnole, e venne iniziata la costituzione delle prime due a Badajoz ed a Siviglia.

La prima brigata mista venne costituita il 18 gennaio e prese il nome di *Frecce Nere* (*Flechas Negras*). Su 161 ufficiali gli italiani erano 72, e su 5.600 sottufficiali e soldati, le Camicie Nere erano cinquecento.

Vennero costituiti due reggimenti, il 3°, di stanza a Merida, ed il 4°, di stanza a Badajoz.

Uniforme ed equipaggiamento erano italiani. Comandante era il colonnello incaricato di grado superiore (i.g.s.) Sandro Piazzoni, e Capo di Stato Maggiore il tenente colonnello Amilcare Farina[129].

La brigava inquadrava settemila uomini; gli italiani costituivano il 70% degli ufficiali ed il 20% della truppa.

---

128   O. Bovio, *In alto la bandiera. Storia del Regio Esercito*, Foggia 1999, p.149.

129   Futuro comandante della divisione FM *San Marco* durante la Repubblica Sociale Italiana.

Le *Frecce Nere* entrarono in linea il 19 marzo, prime truppe del C.T.V. a tornare al fuoco dopo Guadalajara, distinguendosi nell'assedio di Bermeo.

Su richiesta del comando nazionale, già il 31 marzo, ad una settimana dalla fine della battaglia di Guadalajara, ciò che dice molto su come siano andate le cose realmente, unità italiane parteciparono alle operazioni contro la repubblica basca[130]. I legionari arrivarono al fronte il due aprile; il sei aprile vennero occupate dalle *Frecce Nere* Lequeito e Guernica.

Il 14 agosto cominciarono le operazioni finali dei nazionali volte a annientare la repubblica secessionista, il cui primo obiettivo era il cantiere *Constructora Naval* di Reinosa e lo snodo ferroviario di Mataporquera, con la Iª *brigada de Navarra* che attaccò tra il Pico Valdecebollas e Cuesta Labra.

Con questa operazione il Comando nazionale intendeva interrompere la principale arteria di comunicazione del nemico, che si trovava a sud della *Cordillera Cantábrica*.

Alle 6.45 del mattino del 14 agosto i *Romeo* Ro37, scortati dai *Fiat* CR32 iniziarono i mitragliamenti sulle posizioni di Torres de Abajo, Torres de Arriba e Raspaneta, seguiti, verso le 8.30 dall'arrivo dei bombardieri SM81 che si accanirono sul monte Pirañes, colpendo comandi e magazzini, mentre anche l'artiglieria batteva le linee dei bunker repubblicani, senza però riuscire a distruggere gli ottimi ricoveri blindati.

Mentre le artiglierie allungavano il tiro, le Camicie Nere del 5° Reggimento della *23 Marzo*, baionetta in canna, dettero l'assalto alle postazioni repubblicane, precedute da un nucleo di carri leggeri CV35 lanciafiamme. Malgrado i bombardamenti e il fuoco dell'artiglieria, però, i fortini in cemento non avevano avuto troppi danni, ed il fuoco delle mitragliatrici basche inflisse numerose perdite ai legionari, i quali però non si arrestarono, e riuscirono ad infiltrarsi all'interno del sistema difensivo, superandolo con ecczionale celerità.

A mezzogiorno, la *23 Marzo* aveva espugnato la principale linea avanzata delle difese basche, massacrandone con baionetta e pugnale i difensori o prendendoli prigionieri. Seimila repubblicani caddero nelle trincee di Reinosa.

Nel frattempo, sulla destra della *23 Marzo* le Camicie Nere del 7° e dell'8° Reggimento della *Fiamme Nere* espugnavano Cabana de Virtus.

Le Camicie Nere e la Littorio travolsero, nei due giorni seguenti, tre linee fortificate, superando l'intero sistema difensivo del *Cinturon de Hierro*, venendo così a contatto con le postazioni repubblicane, ritenute inespugnabili, del Puerto del Escudo.

Il 15, i nazionalisti avanzarono, senza eccessive difficoltà, nel settore di Barruelo de Santullán, spingendosi fino a Peña Rubia, Salcedillo, Matalejos e Reinosilla, incontrando una forte resistenza nel Portillo de Suano. Il generale Gamir Ulibarri pianificò una disperata linea di difesa nella zona nord tra Peña Astía - Peña Rubia - Peña Labra.

Il giorno seguente, i soldati della IV *Navarra* riuscirono a spezzare la resistenza di Portillo de Suano, ed entrarono a Reinosa al crepuscolo.

---

130   Bovio 1999, p.149.

La brigata di Garcia Valiño continuò lungo il corso del fiume Saja, conquistando la valle Cabuerniga.

Le forze italiane avanzarono parallelamente lungo la strada Corconte - Reinosa, causando la fuga delle forze repubblicane a Lanchares e successivamente a San Miguel de Aguayo. Per 24 ore sembrò che le Camicie Nere di Francisci segnassero il passo, ma si trattava di un rallentamento dovuto al repentino peggioramento del tempo e dalla necessità di completare i rastrellamenti della sacca di Reinosa.

Il 17 i legionari proseguirono i continui attacchi contro Puerto del Escudo, dove la 55ª Divisione *Montañesa de Choque* del Tenente colonnello Sanjuán oppose una forte resistenza venendo poi travolta dalle Camicie Nere, appoggiate dal cielo dagli *Ju 52* e dagli *He 111* della *Legion Condor*.

Di fronte gridano: *"Guadalajara, Guadalajara"*. Maledetti voi. E i legionari rispondono ubriachi della battaglia: *"A Santander, a Santander"*[131].

Puerto del Escudo era considerato imprendibile sia per la posizione sia per le modernissime linee di trincee e le casematte ispirate alla Maginot. Non servì. Come già a Reinosa, le pattuglie di Arditi penetrarono nelle linee avversarie ripulendo i bunker con granate e pugnale, seguendo le tattiche delle Truppe d'Assalto della Grande Guerra ed anticipando quelle dei *commandos* britannici, e le Camicie Nere della *23 Marzo* riuscirono a conquistare le posizioni di Puerto del Escudo, ripulendole dai baschi con un feroce attacco alla baionetta, sbaragliando ventidue battaglioni repubblicani, i cui resti disfatti si ritirarono in disordine per raggrupparsi con il resto dell'esercito nella città di San Miguel de Aguayo. Con questo attacco a tenaglia le forze nazionali riuscirono a strangolare la zona ben fortificata nell'Alto Ebro.

Nella mattina del 18 agosto il C.T.V affrontò la nuova linea repubblicana a nord del Puerto del Escudo, sfondandola in poche ore. Da qui l'offensiva continuò in due direzioni: dal lato sud-nord, in direzione delle quattro valli (valle Cabuerniga, valle Besaya, valle Pas e valle Carriedo) con un obiettivo chiaro: la conquista della città di Torrelavega.

Le divisioni *Littorio* e *Fiamme Nere*, con la *23 Marzo* di rincalzo superarono rapidamente la breccia, spingendosi verso Santander, mentre le brigate di Navarra avanzarono su Torrelavega, per interrompere le comunicazioni tra Santander e le Asturie, per tagliare la ritirata delle forze repubblicane che tentavano di fuggire verso la zona asturiana.

Intanto, le Camicie Nere della Brigata mista *Frecce nere* sfondarono il fronte ad ovest, lungo la costa atlantica, travolgendo le difese basche, e raggiunsero prima il fiume Agüera e poi il fiume Asón. Fra tutti si distinsero gli artiglieri del Raggruppamento Artiglieria Legionaria, al comando del tenente colonnello Enzo Falconi, che inquadrava ben 13 batterie.

Il 18 agosto, la situazione dei repubblicani era ormai drammatica: l'intero sistema difensivo creato dal generale Gamir Ulibarri era stato scardinato dal C.T.V..

---

131   Lodoli 1989, pp. 130-131.

I repubblicani che avevano salutato Guadalajara deridendo i legionari di Mussolini, il nuovo Napoleone sconfitto dal popolo spagnolo, cantando, sull'aria di *Faccetta Nera*, ¡España no es Abisinia!,

¡Meno camiones y mas cojones!

adesso subivano la stessa sorte capitata alle truppe del negus poco più di un anno prima, mitragliati dall'aviazione italiana mentre fuggivano, esattamente come gli etiopici dopo la battaglia di Mai Ceu (o del lago Ascianghi) del marzo del 1935. Ora non era più l'aviazione rossa a dominare i cieli e a mitragliare mezzi e colonne, come sulla *Carrettera de Francia* ma i caccia legionari.

Inseguiti dalle Camicie Nere, mitragliati dai CR32, martellati dai SM 79 e dagli aerei tedeschi, i reparti repubblicani si scioglievano come neve al sole.

Non essendo più in grado di stabilire una linea continua di difesa, e non potendo evitare la rapida avanzata italiana, Gamir Ulibarri decise di inviare tutte le truppe della propria riserva in prima linea e sollecitò il XIV Corpo d'Armata perché si decidesse ad inviare urgentemente in prima linea due brigate basche da Carranza a Ramales de la Victoria.

Lo stesso giorno i fanti della IVa *Navarra* occuparono Santiurde, mentre gli italiani raggiunsero San Pedro del Romeral e San Miguel de Luena.

Il 19 agosto, i progressi dei nazionalisti nella Cabuérniga, a Bárcena de Pie de Concha, nella valle del Besaya, e Entrambasmestas, nella valle del Pas obbligò Gamir Ulibarri ad dettare rigorosi ordini di resistenza. Tuttavia, il rapido progresso italiano, che superò anche la terza linea di difesa, costrinse Gamir Ulibarri ad organizzare il piano di ritiro per la difesa della città di Santander.

Le Camicie Nere travolsero letteralmente i difensori, che si diedero alla fuga.

Il 20 agosto, il XVII Corpo d'Armata *rosso* posizionò una brigata a Torrelavega e 48 battaglioni baschi, richiesti dal comandante dell'Esercito del Nord, si disposero a Puente Viesgo, per difendere le comunicazioni con le Asturie. Nel frattempo le forze italiane continuarono la loro avanzata verso Villacarriedo e le brigate navarresi continuarono fino Torrelavega e Cabezón de la Sal.

Il 22 agosto le forze italiane, appoggiate da quelle nazionaliste, dopo aver conquistato Selaya, Villacarriedo, Ontaneda e Las Fraguas, giunsero a pochi chilometri da Torrelavega e Puente Viesgo. Il XIV Corpo repubblicano si attestò lungo la linea di trincee sul fiume Asón, per difendere Santander.

Le forze basche cominciarono a ritirarsi in direzione di Santoña, 30 chilometri a est di Santander. Il 24 agosto, data l'inferiorità numerica e il morale bassissimo delle truppe basche il generale Gamir Ulibarri ordinò l'evacuazione della città verso le Asturie, regione ancora in mani repubblicane.

Le forze nazionaliste conquistarono Torrelavega, e, alle 18.00, interruppero le comunicazioni terrestri con le Asturie. Il *si salvi chi può* dei commissari politici e degli ufficiali baschi e *rossi* lasciarono senza guida la popolazione e senza comando intere brigate. Lo stesso giorno il comandante della 54ª *Division de Infanteria* Eloy Fernandez Navamuel, fuggì in aereo, abbandonando i propri uomini al loro destino, rifugiandosi in Francia.

I battaglioni baschi si concentrano a Santoña, ed inviarono degli emissari a Guriezo per trattare la resa con il comando italiano.

Il 25, il generale Gamir Ulibarri con il generale sovietico Vladimir Gorev e alcuni politici, tra i quali il presidente basco Jose Antonio Aguirre, lasciarono precipitosamente Santander a bordo di un sottomarino sovietico, in direzione di Gijon e, successivamente, Ribadesella, dove stabilirono la propria sede. Ordinarono di organizzare una linea di difesa sul fiume Deva con i resti delle truppe di Galan e della divisione *Ibarrola*. Le forze repubblicane rimaste a Santander si arresero.

Alle 8:00 del 26 agosto 1937, i soldati della IV *brigada de Navarra* e i legionari italiani della divisione *Littorio* comandata da Bergonzoli si mossero verso la capitale basca, dove gli italiani, con alla testa il generale Ettore Bastico, entrarono verso mezzogiorno accolti come liberatori dalla gran parte della popolazione, a grande maggioranza nazionalista, e invocati come protettori dalla vendetta spagnola dagli indipendentisti baschi.

A Santander vennero catturati 17.000 prigionieri, molti dei quali, caduti in mano spagnola, vennero fucilati immediatamente soprattutto dai carlisti e dai falangisti locali.

Dovettero intervenire gli italiani per fermare le esecuzioni.

I legionari del Corpo Truppe Volontarie contribuirono ad arrestare ed ad arrestare l'offensiva repubblicana in Aragona (settembre-ottobre 1937), fu la punta di lancia nell'offensiva nazionale che vide gli italiani conquistare Alcañiz e Tortosa e dividendo in due tronconi ciò che restava della repubblica rossa nell'estate del 1938[132].

Il 26 luglio il generale Berti inviò a Galeazzo Ciano il seguente telegramma, che riassume il ruolo svolto dal C.T.V. nelle operazioni dei giorni precedenti:

[...] In dodici giorni di dura battaglia il CTV ha conquistato dodici paesi tra grandi e piccoli, ha progredito per oltre cinquanta chilometri, ha sconfitto più di quaranta battaglioni nemici, catturando quasi duemila prigionieri e una quantità enorme di materiale da guerra. Il suo tributo di sangue nei soli elementi italiani è stato di 27 ufficiali morti, 1 disperso, 140 feriti, 205 legionari morti, 1473 feriti, in totale 1846 legionari fuori combattimento[133].

Il 22 settembre, sia per favorire un accordo internazionale che portasse ad un armistizio, sia

---

132   Al contrasto dell'offensiva repubblicana sull'Ebro non prese parte il C.T.V., tenuto di riserva; vi ebbe un ruolo decisivo invece l'artiglieria legionaria comandata dal generale Manca di Mores: Colloredo 2012, p.142.
133   Rovighi, Stefani 1993, II bis, pp. 194 segg.

perché Stalin voleva disimpegnarsi dal pantano spagnolo, venne deciso il ritiro delle Brigate Internazionali, che furono ritirate dal fronte per concentrarsi a Barcellona per il rimpatrio. Mussolini, quindi, anche per dare una prova di buona volontà al governo britannico in cambio del riconoscimento dell'Impero italiano decise il ritiro di diecimila volontari con diciotto mesi di servizio. Il C.T.V. venne ristrutturato ed il comando affidato al generale Gambara, già vicecomandante del C.T.V. fin dall'aprile del 1937.

Le divisioni interamente italiane si ridussero alla sola *Littorio d'Assalto*, nata dalla fusione tra la vecchia *Littorio* e la *23 Marzo*, su due reggimenti fanteria, il primo dell'Esercito ed il secondo della Milizia.

Con le *Frecce* vennero create le nuove divisioni miste, ma con armamento e comando italiani, *Frecce Azzurre* e *Frecce Verdi*, che s'aggiunsero alla *Frecce Nere*.

Il Corpo Truppe Volontarie inquadrava, alla vigilia dell'ultimo sforzo offensivo, 25.935 tra sottufficiali, legionari e CCNN, e 2.077 ufficiali[134].

L'offensiva di Catalogna iniziò il 23 dicembre, con la divisione *Littorio de Asalto* che mosse verso Cogull, fiancheggiata sulla sinistra dalla divisione *Frecce Nere*.

Nella prima giornata la *Littorio* avanzò di trenta chilometri nelle linee repubblicane, avanzando lungo la strada Lerida- Tarragona, raggiungendo la rotabile Sarroca- Mayals, dove venne annientata la fanteria di marina della 56a *Brigada*, ritenuta una delle migliori unità repubblicane.

Il C.T.V. proseguì l'avanzata, impattando nelle truppe del V° *Cuerpo* del generale Lister nella zona di Castellserà, dove gli scontri si fecero subito accaniti.

Dopo duri combattimenti, il 24 dicembre, alle 14,30 la *Littorio* occupò Sierra Grossa, mentre le *Frecce Nere* presero prima Farinas e subito dopo le quote 177 e 180 di Vasconcelos. Il 26 le Camicie Nere del 2° Reggimento *Littorio*, dopo un durissimo combattimento contro gli uomini di Lister, occuparono Granena. Il 3 gennaio le Camicie Nere e gli arditi delle *Frecce Azzurre* conquistarono le pendici di Monte Fosca. Appoggiati dai pezzi dell'artiglieria del C.T.V. e dai continui attacchi dei caccia e dei bombardieri italiani, le Camicie Nere sfondarono il fronte tenuto dai soldati di Lister, ed il 5 gennaio conquistarono Borjas Blancas ed il dieci venne presa anche Montblanch.

L'avanzata proseguì in due direzioni: una colonna motorizzata agli ordini del tenente colonnello Pace si diresse su Tarragona, dove arrivò insieme alla Va *brigada de Navarra*, il resto del C.T.V. avanzò verso Igualada e Esparraguera, con obbiettivo primo il Rio Llobregat, e poi su S. Quirico de Tarrasa. Ma come sarebbe avvenuto anche a Barcellona, Franco voleva che i primi ad entrare a Tarragona fossero gli spagnoli, e non gli italiani, che vennero fatti fermare per far passare avanti i navaresi, per entrare in città poi subito dopo.

Il 25 i generali Yagüe e Gambara giunsero alle porte di Barcellona.

Il C.T.V. proseguì l'avanzata.

---

134   Colloredo 2012, p. 150.

Il 29 gennaio Gambara divise le sue forze in tre colonne, mantenendo le *Frecce Verdi* di riserva, inviando la *Littorio de Asalto* in direzione di Gerona, che cadde il 4 febbraio, dove vennero catturati 800 prigionieri della IX *Brigada* colti completamente di sorpresa dalla rapidità dell'avanzata legionaria, le *Frecce Nere* avanzarono su Granolles, e le *Frecce Azzurre* su Blanes.

Nella battaglia di Catalogna erano state distrutte due armate repubblicane forti di 220.000 combattenti in prima linea; i nazionali avevano perso circa 40.000 uomini, tra i quali circa 6.000 tra caduti e feriti erano del C.T.V., di cui 2.700 italiani.

Il C.T.V. venne rischierato nella zona di Toledo, alle dipendenze dell'*Ejercito del Centro*.

Franco attese che la repubblica si sfaldasse dall'interno, e solo il 28 marzo diede inizio all'ultima offensiva. L'avanzata fu una passeggiata senza una vera opposizione, con i repubblicani che gettavano armi e bandiere e alzavano il braccio destro nel saluto romano.

Legionari e Camicie Nere presero Arajunez ed Albacete; il 30 aprile gli italiani entrarono in Alicante.

Il partito della pace, guidato dal generale Casado, s'impadronì del potere, esautorando il governo del filo-comunista Negrìn con l'aiuto degli anarchici, formando una giunta che tentò trattative di pace, cercando di ottenere migliori condizioni di resa.

Nella notte tra il sei ed il sette marzo, il destituito governo repubblicano fuggiasco si rifugiò nell'aeroporto di Monovar, e da qui, su due *Douglas DC2* e tre *Dragon Ràpide*, i primi due diretti in Francia, gli altri nel Marocco Francese, i caporioni repubblicani fuggirono rapidamente ed ingloriosamente verso l'esilio e la salvezza.

Sugli aerei, oltre all'ex presidente Negrìn ed ai membri del governo deposto, erano imbarcati Lister, Ercole Ercoli (Togliatti), Rafael Alberti, e la *Pasionaria*, Dolores Ibarruri.

Madrid cadde il 27 marzo, senza che fosse sparato un solo colpo di fucile, ed il 30 i nazionali entrarono a Valencia, la capitale repubblicana.

Era la fine ingloriosa della repubblica popolare[135].

---

135   Per una trattazione completa degli avvenimenti qui accennati, si vedano almeno Rovighi, Stefani 1992 e Colloredo 2012.

CONSIDERAZIONI FINALI

Al termine della battaglia di Guadalajara gli italiani, pur avendo fallito l'obbiettivo di raggiungere l'omonima cittadina, erano rimasti padroni di venticinque dei trentacinque-quaranta chilometri occupati nei primi tre giorni, infliggendo all'avversario quasi il quadruplo delle perdite subite.

Gli italiani persero 415 morti, 1969 feriti e 153 prigionieri; i repubblicani persero 2.200 morti, 4000 feriti e 400 prigionieri[136].

In sintesi, la battaglia può essere divisa in tre fasi.

1. Offensiva italiana e suo arresto per l'irrigidimento della difesa repubblicana,

2. Controffensiva repubblicana e ripiegamento del C.T.V. sulla seconda posizione;

3. Arresto della controffensiva repubblicana e successo difensivo del C.T.V.[137]

La disfatta, la batosta dei fascisti che erano fuggiti con le scarpe in mano per far prima non esiste se non nella propaganda antifascista dell'epoca, e nei sogni dei repubblicani.

Hemingway aveva definito Guadalajara nientemeno che

Una delle più grandi battaglie mondiali,

aggiungendo, con maggiore obbiettività:

Le notizie che affermano che quella di Brihuega è stata soltanto una vittoria aerea, con le colonne fuggite in disordine e terrorizzate senza combattere e terrorizzate vengono corrette quando si studia il campo di battaglia. Fu uno scontro di sette giorni, combattuto con asprezza, per lo più in condizioni di pioggia e neve che rendevano impossibile i trasporto meccanizzato [...][138].

Il News Chronicle informò i propri lettori come unità di marocchini fossero state inviate ad arginare la fuga disperata degli italiani; il New York Times scrisse in prima pagina che il 18 marzo gli aerei repubblicani avevano ucciso mille legionari; il Daily Express sparò cifre apocalittiche - prese per buone ancora oggi da qualcuno! - secondo le quali erano caduti ben settemila italiani.

---

136   A. Rovighi, F. Stefani, *La partecipazione Italiana alla guerra civile spagnola (1936- 1939)*, I, Roma 1992, p.313.
137   Bovio 1999, p.148- 9.
138   Hemingway, cit. in C. Razetto, "Guadalajara. Scacco a Mussolini", in BBC History, *Le grandi battaglie. Gli italiani in guerra dal Risorgimento all'Iraq*, Milano 2015, p. 80. Il romanziere americano arrivò addirittura ad affermare nientemeno, come ricordato, che Guadalajara era *una tra le battaglie decisive della storia dell'umanità*!

Gli italiani restarono padroni di buona parte del campo di battaglia, fermando forze molto superiori di numero, ma ciò non può far dimenticare che non sfondarono, malgrado la propaganda fatta dopo la presa di Malaga, e ciò permise alla stampa antifascista di inventare una sconfitta che non ci fu. Va detto poi che se pure fosse stato raggiunto l'obiettivo finale, Alcalà de Henares, la mancata avanzata spagnola dallo Jarama avrebbe impedito il ricongiungimento del C.T.V. con le truppe nazionali e l'isolamento di Madrid, che era lo scopo primario di tutta l'operazione, creando anzi un pericolosissimo saliente nella linea avversaria, che i rossi non avrebbero mancato di tentare di recidere.

Va quindi detto che la vera causa dell'insuccesso è la mancata cooperazione spagnola, e che la piena responsabilità di quanto avvenuto ricade sui comandi nazionalisti e non sugli italiani.

Considerando lo svolgimento delle operazioni, se la divisione "Rinforzata Madrid" avesse attaccato dal Rio Jarama verso Alcalà de Henares come previsto dal piano di operazioni 2239, impegnando le riserve repubblicane poi inviate contro gli italiani, il C.T.V. avrebbe indubitabilmente raggiunto i propri obbiettivi.

Come scrive Renzo De Felice, Guadalajara

Sotto il profilo meramente militare [...] non ebbe niente di drammatico[139].

Se però alcune unità della Milizia si erano battute molto bene, altre, quelle del 1° Gruppo *Banderas*, erano fuggite in preda al panico di fronte ai carri sovietici, contro i quali erano privi di difese, prima di raggrupparsi nelle retrovie.

Affermazioni come quelle del Conforti sulla "vittoria degli antifascisti" (quindi della libertà, fosse anche quella dei *paseos* e dei massacri di oppositori, delle mattanze di preti e monache) a Guadalajara vanno semmai corrette: a sfondare fu la Brigata *Carros de Combate* di Pavlov, quei carri sovietici che avrebbero insanguinato l'Europa orientale e l'Afghanistan in una scia di morte e repressione, in Finlandia, nel Baltico, in Ungheria, a Praga, in Polonia, a Kabul.

Ma aldilà di queste considerazioni, più interessante è il sottolineare il tentativo da parte degli antifascisti, in buona o mala fede, di falsare i dati delle perdite, attribuendo agli italiani cifre iperboliche, date per certe da autori più o meno seri..

Ora, la Storia si scrive con i documenti, e poco vale l'invenzione o la menzogna, nata allo scopo di mascherare il numero di morti repubblicani molto superiore a quello dei (non) sconfitti italiani. S'è arrivati- come il buon Conforti- a sostenere che le cifre dei documenti italiani, quelle vere, siano state alterate a fini di propaganda, ribassandole[140].

Gli italiani avrebbero perso a Guadalajara, secondo tale versione, oltre seimila morti (o addirittura settemila, secondo il *Daily Express* del 19 marzo 1937, come già detto).

Tenendo presente che nell'*intera* guerra civile le perdite italiane furono:

---

139   R. De Felice, *Mussolini il duce. II Lo Stato totalitario 1936- 1940*, Torino 1981, p.391-2.
140   Conforti, da parte sua, si è limitato ad aggiungere un 1 davanti alla cifra di 423 morti (esclusi i dispersi), visto che la cifra reale gli sembrava troppo bassa per il suo libro!

Caduti: 272 ufficiali (105 della M.V.S.N.), 2.764 sottufficiali e soldati (1.357 della Milizia),

Feriti: 981 ufficiali (399 della M.V.S.N.), 10.205 sottufficiali e soldati (5200 della Milizia),

Dispersi: 9 ufficiali (4 della M.V.S.N.),

272 militari deceduti per malattia e incidenti vari[141],

e che il maggior sforzo nella battaglia di Guadalajara era stato sostenuto dalle unità della M.V.S.N., ci si rende conto di come si sia fatto strame a scopi polemici della realtà storica.

Eppure le cifre reali delle perdite subite dal C.T.V. nel corso della fallita offensiva su Madrid sono ben note:

25 cannoni tra catturati e distrutti (15 dei quali appartenenti alla divisione *Dio lo vuole*[142]!);

85 mitragliatrici;

822 fucili,

10 mortai Brixia da 45mm;

3 carri CV35[143];

90 autoveicoli[144];

6 aeroplani (tre *Fiat* CR 32 e tre *Romeo* Ro.37).

Gli italiani persero 423 morti, 1.835 feriti e 396 dispersi[145]. Dato che i prigionieri dei repubblicani furono 153, la somma totale dei caduti deve essere calcolata in 574 uomini.

A loro volta, i repubblicani persero 2.200 morti, 4.000 feriti e 363 prigionieri. Basti pensare che la sola XI Brigata Internazionale ebbe 530 morti e 930 feriti; secondo Pietro Nenni, il battaglione *Garibaldi* ebbe 30 morti e 100 feriti a Palacio de Ibarra.

---

141   Rovighi, Stefani 1993, II, p. 472.
142   Di questi, tre pezzi da 65/17 vennero distrutti dal fuoco repubblicano, mentre due pezzi da 65/17 ed un 100/17 erano esplosi in azione (*Azione Guadalajara*, 3° stesura, MAE, Fdg B.11).
143   Il telegramma di Roatta parla di due carri CV35 distrutti, mentre furono tre, nella versione lanciafiamme, perduti a Trijueque il 10 marzo.
144   Tra i quali cinque automobili Fiat *Balilla*. La propaganda e la stampa antifascista parlò - e parla - di centinaia, se non di migliaia, di mezzi distrutti.
145   Rovighi, Stefani 1993, I, p.313..

I repubblicani persero inoltre:

19 carri T26B e BT.5 distrutti o catturati dagli italiani[146];

15 aerei abbattuti (undici caccia, tre bombardieri, un assaltatore[147])

Le cifre dei documenti ufficiali pubblicate dall'USSME sono dunque leggermente diverse dai settemila morti del *Daily Express*, dai seimila o dai duemila di taluni autori anglosassoni, dai millequattrocento del Conforti[148] o dai 1.500 morti e 1.200 prigionieri di cui vaneggia il sito dell'*anpi*. E'curioso notare come ciascun autore di parte antifascista dica cifre a caso, in disaccordo con gli altri. Sarebbe sufficiente confrontare tali cifre iperboliche con quelle dei rimpatriati dopo la battaglia e dei legionari rimasti in Spagna per rendersi conto della realtà, od andare a consultare gli elenchi nominativi dei morti e dei dispersi nella battaglia disponibili presso l'Onorcaduti dell'Esercito italiano, e l'Albo d'Oro con i nomi di tutti i caduti italiani consultabile presso la Biblioteca dell'Ufficio Storico del Ministero della Difesa.L'elenco completo dei Caduti italiani è riportato in appendice al presente lavoro.

La differenza tra il basso numero dei prigionieri e quello dei dispersi è dovuta al fatto che i comunisti del 5° *Regimento* di Lister e i fuoriusciti della *Nannetti* e della *Garibaldi* solitamente massacravano sul posto i fascisti feriti e prigionieri.

Leggere frasi del tipo:

Moltissimi italiani inviati da Mussolini si consegnarono ai connazionali del 'Garibaldi'e ricevettero un trattamento assolutamente rispettoso, cosa universalmente riconosciuta da tutti gli osservatori internazionali[149]

porta a chiedersi se 153 prigionieri siano davvero *moltissimi* (a Santander e Bilbao gli italiani prenderanno prigionieri 25.000 baschi) e se il massacrare feriti e prigionieri sia *un trattamento assolutamente rispettoso* e non un crimine di guerra. Ad ogni modo i non molti prigionieri repubblicani – 363 - furono più numerosi di quelli italiani. Per non dire dei 2.200 morti *rossi* rispetto ai 574 italiani.

Gli italiani avevano subito un insuccesso di natura strategica, ma sul piano tattico avevano ottenuto risultati assai maggiori in due giorni di combattimento contro truppe superiori di numero, rispetto al terreno conquistato dai *legionarios* e *Regulares* spagnoli dal luglio dell'anno precedente.

---

146   Telegramma n. 819 del 25/3/1937 inviato da Roatta all'Ufficio Spagna. Non sono inclusi nel computo i due *Renault* distrutti ad Almandrones dagli anticarro l'8 marzo, e i tre carri sovietici dubbi che potrebbero essere stati distrutti il 18 dalla *Littorio*: U. Barlozzetti, A. Pirella, *Mezzi dell'esercito italiano 1935- 1945*, Firenze 1986, pp.60- 61. Ovviamente la cattura di alcuni T26 compensava ampiamente la perdita di tre CV35! Sui corazzati a Guadalajara, Barlozzetti, Pirella 1986, pp.60- 61. Va però detto che fonti sovietiche d'archivio sostengono come la *Brigada* Pavlov concluse le operazioni, il 19 marzo, con soli nove carri efficienti su sessanta (J. Radey, *Guadalajara. No pasaran*, in *Against the Odds Annual* 2007, p.29)
147   Ferdinando Pederiali, *Guerra di Spagna e Aviazione italiana*, Pinerolo 1989, p.210.
148   Conforti parla di 1400 morti, 560 dispersi e 4560 feriti; tutte e tre le cifre sono errate, due - morti e dispersi - per eccesso, una - feriti - per difetto.
149   http://it.wikipedia.org/wiki/Guadalajara_(Spagna)

Come scrivono giustamente i generali Alberto Arrighi e Filippo Stefani nella loro fondamentale *Storia della partecipazione italiana alla guerra civile Spagnola (1936-1939)*, pubblicata dall'Ufficio Storico dello Stato Maggiore dell'Esercito, che costituisce il testo definitivo sull'argomento,

Sul piano storico fu e resta un insuccesso offensivo del CTV, peraltro compensato dall'insuccesso della controffensiva repubblicana. Niente di più[150].

Alla fine dell'offensiva, in mano italiana era rimasto, malgrado il ripiegamento, quasi il triplo del territorio conquistato dai nazionalisti nelle loro offensive contro la capitale spagnola dall'autunno del 1936, ovvero 25 chilometri sui quaranta occupati all'inizio dell'offensiva.

Sorprendentemente buona fu la prestazione dei reparti della Littorio, provenienti dal Regio Esercito, che, malgrado il mancato affiatamento tra reparti diversi, appartenenti ad una divisione esistente da tre settimane circa, e solo sulla carta, si erano dimostrati superiori ad avversari, connazionali ed alleati, uscendo imbattuti dalla battaglia.

Si erano evidenziate carenze di preparazione nei quadri subalterni degli ufficiali della Milizia; si trattava spesso di ex ufficiali di complemento (spesso reduci della Guerra Mondiale) che dopo il congedo non avevano ricevuto né aggiornamenti né addestramento all'uso delle armi moderne.

Lo stesso Mussolini lo riconobbe in Consiglio dei Ministri, l'11 aprile 1937:

Il soldato è stato eroico. Una legione di Camicie Nere è andata al fuoco con la fanfara in testa[151]. Errori di comando: uomini portati al fuoco dopo trenta chilometri di marcia, senza riposo- indumenti da clima mediterraneo, con temperature sotto lo zero - gli autocarri portati in prima linea - l'aviazione non era in grado di volare per le forti nevicate. Ma soprattutto, deficienze dei subalterni: eroici, forse, ma senza mestiere. È il punto debole della nostra organizzazione militare[152].

Ma le colpe più gravi ricadevano sul comandante di divisione che si era fatto prendere dal panico ordinando il ripiegamento; va ricordato che si trattava di un generale dell'Esercito e non della Milizia

L'affermazione del Duce che *il soldato è stato eroico* appare in certi casi almeno eccessiva alla luce del comportamento di alcune *banderas* della *Dio lo vuole*; ma va anche ricordato come Ritter von Thoma, osservatore appartenente allo Stato maggiore della *Wehrmacht* distaccato presso il C.T.V. scrisse a Berlino che i legionari italiani avevano dato prova sotto il fuoco di *innegabile coraggio*, e che il contegno della divisione *Littorio* era stato *irreprensibile da ogni punto di vista[153]*.

---

150   Arrighi, Stefani ,1992, I, p.317.
151   In realtà si trattava della *Littorio*, formata da volontari del R.E..
152   B. Mussolini, in Bottai 1989, p.116 alla data del 12 aprile 1937.
153   Pederiali 1989, p.210.

Autori repubblicani, per giustificare il massacro dei prigionieri italiani, accusarono le Camicie Nere di aver finito col pugnale alcuni prigionieri rossi. Dai documenti appare una realtà ben diversa. I comandi italiani furono molto attenti a rispettare le leggi di guerra verso i prigionieri, *qualunque ne siano la nazionalità, la fede, il partito.*

Durante la battaglia Roatta emanò una circolare riguardante il trattamento dei prigionieri di guerra, la n. 3134 del 17 marzo, intitolata, appunto, *Contegno verso i prigionieri.*

Nei giorni di Malaga, Galeazzo Ciano aveva inviato al comando del C.T.V. le seguenti direttive:

Roma, 6 febbraio 1937.

n. 264.

[...] Resta inteso che mentre i prigionieri spagnoli dovranno venire da noi rispettati, bisogna passare subito per le armi i mercenari internazionali, e naturalmente per primi gli italiani.

Il generale Roatta (Mancini) rifiutò di ascoltare il Ministro degli Esteri, affermando che avrebbe seguito le convenzioni internazionali, inviando il seguente fonogramma, tacitiano, che non permetteva equivoci nell'interpretazione:

A Generale Arnaldi, colonna centro.

A Generale Gusberti, colonna sinistra.

A Generale Francisci, colonna destra.

N.227 OP.

Loja, 8 febbraio 1937, ore 8,15.

I prigionieri non (*dico non*) devono essere fucilati.

e Ciano, a sua volta, telegrafò a Roatta:

A Comando C.T.V.

N. 208

Roma 13 marzo.

Suo 2805. Sospenda applicazione precedente istruzione circa trattamento a italiani e stranieri catturati per eventuale scambio di prigionieri.

Non soltanto il comando del C.T.V. intervenne per impedire l'esecuzione dei prigionieri, ma, circa alcuni casi di percosse di repubblicani catturati durante l'offensiva italiana, Roatta emise la surricordata circolare n. 3134, in cui, oltre a proibire le fucilazioni sommarie al momento della cattura, proibiva qualsiasi maltrattamento:

N.3134

Arcos, 17 marzo 1937.

Contegno verso i prigionieri.

Giorni addietro, un prigioniero ebbe, dopo la cattura ed essendo perciò disarmato, rotto un labbro, con un pugno, da parte di un ufficiale.

A un altro prigioniero, pure disarmato, un capitano lasciò andare una bastonata sulla testa provocandogli una ferita non lieve.

Questo non può essere assolutamente tollerato. Non vi è alcun eroismo nel percuotere un vinto inerme, qualunque ne siano la nazionalità, la fede, il partito.

È un atto che si avvicina invece alla codardia e tanto più gli ufficiali debbono astenersene, *intervenendo anzi, quando dovessero verificarsi ad opera di inferiori.*

Questo non può essere assolutamente tollerato: non deve mai più ripetersi[154].

Prenderò, d'ora innanzi, rigorose misure verso coloro che mi risultassero contravventori a tali mie tassative disposizioni[155].

A Salamanca, intanto, si erano svolti numerosi e drammatici incontri tra Franco ed il generale Roatta.

Franco tolse temporaneamente il comando ai generali Varela e Orgaz a causa dei mancati attacchi sul fronte dello Jarama che avevano condannato l'esito dell'offensiva.

Se i comandi nazionale e italiano cercarono di porre rimedio alle carenze emerse a Guadalajara, nei comandi e tra le truppe repubblicane si diffuse un'euforia quanto meno eccessiva, in un'orgia di retorica e di esagerazioni circa la sconfitta del Fascismo e di Mussolini: senza riflettere però che truppe inferiori di numero, male amalgamate, con divise di tela coloniale

---

154   Il corsivo è di Roatta.
155   Arrighi, Stefani 1993, I bis., docc. nn.48/a- 48/e, pp. 247 segg.. Gli scrupoli degli italiani erano estranei agli internazionali e soprattutto ai comunisti di Lister, che, al contrario, massacravano usualmente i prigionieri, specialmente le Camicie Nere, tanto che a Guadalajara sopravvissero solo 153 prigionieri italiani.

sotto il nevischio, con un armamento inferiore[156], senza copertura aerea, con le *latas de sardinas*, i CV 33 e 35[157], contro i carri BT.5 e T26B di Pavlov, erano avanzate all'inizio come il proverbiale coltello nel burro per oltre 40 chilometri, travolgendo tutti i reparti che si erano trovati davanti, e che, contrattaccate da forze cinque volte superiori, meglio armate, mitragliate e bombardate dai *Chato* e dai *Polikarpov* senza poter avere appoggio dai propri aerei avevano sì ceduto davanti ai carri sovietici, ma erano state comunque in grado di raggrupparsi, fare muro e respingere i repubblicani, restando in possesso di 20-25 dei 40 chilometri conquistati, infliggendo al nemico perdite tre volte e mezzo superiori alle proprie.

Non si tenne presente che i maggiori problemi agli italiani non li avevano creati i combattenti repubblicani, ma il maltempo, gli errori di comando e la disorganizzazione, che aveva portato agli ingorghi sulla *Carretera di Francia* durante lo scavalcamento, subendo quindi gli attacchi dell'aviazione avversaria, che, con i corazzati, era quella che aveva inflitto le maggiori perdite agli italiani in uomini e mezzi. Se si tiene presente la gravità dei danni inferti dai piloti rossi, si vede come la proporzione tra le perdite italiane e repubblicane durante gli scontri (spesso alla baionetta, come a Palacio de Ibarra e Brihuega) vada ancor più a favore del C.T.V.

I propagandisti del governo repubblicano inventarono una canzonetta sull'aria di *Faccetta Nera*, che sottolineava il coraggio degli spagnoli e la vigliaccheria degli italiani, e che si diffuse presto tra le truppe:

Guadalajara no es Abisinia,

que aquí los rojos tiran bombas como piñas.

Desde Jadraque hasta Sigüenza

chaquetearon cuarenta mil sinvergüenzas,

y el chaqueteo fue tan atroz

que hubo italiano que no paró hasta Badajoz.

Bella española, no te enamores,

aguarda, aguarda a los valientes españoles.

Los italianos se marcharán

y de recuerdo, un bebé te dejarán.

....

Meno camiones,

---

156   Bastico, in un rapporto confidenziale a Ciano all'indomani della battaglia, parlerà di *armamento deficientissimo*: cfr. Rovighi, Stefani, 1993, I bis, documento n. 79/ A, p. 371.

157   Il CV 35 (Carro leggero L3/35) prodotto dalla Ansaldo Fossati, era armato con due mitragliatrici da 8mm (ma a Guadalajara erano presenti ancora alcuni CV33 con mitragliatrici Fiat mod. Aviazione da 6.5mm), con una corazzatura max di 13.5 mm, e raggiungeva una velocità su strada di 42 km/h. In Spagna erano presenti anche in CV35 in versione lanciafiamme

y mas cojones!

Guadalajara no es Abisinia,

Los italianos se marcharán

y de recuerdo, un cadaver dejarán [158].

La canzoncina, destinata a rialzare il depresso morale dell'*Ejercito Populàr* e della popolazione madrilena batteva su tasti vecchi quanto la Spagna: si noti come non compaia una sola volta il termine *fascista*. Gli italiani, come i mori, o i francesi di Napoleone, erano gli stranieri venuti a conquistare la Spagna, motivo su cui insisteva la propaganda rossa anche con manifesti dall'esplicito tenore nazionalistico. E la canzonetta venne cantata anche nei reparti nazionalisti spagnoli, infatti, come se la colpa dell'insuccesso, sia pure parziale, come s'è visto, non fosse esclusivamente del comando nazionale, che non aveva ottemperato agli accordi circa le offensive dallo Jarama e da Guadarrama-Somosierra-Siguenza, previste dall'ordine di operazioni n.2239 del 4 marzo, lasciando soli gli italiani contro forze numericamente superiori che sarebbero dovute venir impegnate non solo dal C.T.V., ma anche dai nazionali .

A parte dimostrarsi prematura, *Guadalajara no es Abisinia*, aveva però il torto di dimenticare che a fermare gli italiani non erano certo stati gli spagnoli, nei cui reparti le truppe del C.T.V. erano penetrate senza quasi combattere, ma le Brigate Internazionali, che avevano pagato un ingente tributo di sangue, a cominciare dagli italiani della *Garibaldi* e della *Nannetti*, e, soprattutto i superiori carri sovietici della *Brigada Carros de Combate Pavlov*.

Il fatto stesso che il comando nazionalista facesse tornare al fuoco unità del C.T.V. il 31 marzo, otto giorni dopo l'arresto della controffensiva *rossa* dimostra quanta presunzione ci fosse nelle pretese repubblicane di aver vinto contro gli invasori fascisti in quella che la stampa madrilena salutò come la *nueva Bailén* [159].

---

158   *Gudalajara non è l'Abissinia,*
perché i rossi tirano bombe come pigne.
Da Jadraque a Siguenza
combatterono quarantamila svergognati,
e lo spavento fu tanto atroce
che nessun italiano si fermò prima di Badajoz.
Bella spagnola, non ti innamorare,
aspetta, aspetta i coraggiosi spagnoli;
gli italiani se ne andranno,
e per ricordo un bebè ti lasceranno.
...
Meno camion,
e più coglioni!
Gudalajara non è l'Abissinia,
gli italiani se ne andranno,
e per ricordo un cadavere lasceranno.

159   Presso Bailén, in Andalusia, le forze spagnole del generale Francisco Xavier Castaños sconfissero e costrinsero alla resa le truppe francesi del *Corp d'Observation de la Gironde* comandato dal generale Dupont (19-22 luglio 1808), in quella che fu la prima sconfitta dell'esercito napoleonico in Spagna, ponendo fine all'aura di invincibilità delle truppe napoleoniche.

Lo stesso errore, rovesciato, dei comandi italiani alla vigilia dell'otto marzo: sottovalutare l'avversario. Gli italiani avrebbero imparato dall'insuccesso, traendone insegnamento e non subendo più nessuno scacco nel corso dell'intera campagna; i repubblicani no, e non avrebbero più avuto nessun successo contro i *sinvergüenzas*.

La conquista della Biscaglia, lo sfondamento del *Cinturon de Hierro,* Bermeo e Puerto de Escudo, la presa di Bilbao e Santander avrebbero fatto passare di moda, di lì a pochi mesi, la canzonetta. Gli italiani non avevano solo *camiones*.

L'efficienza e la combattività dimostrate dalle unità italiane dall'indomani di Guadalajara sino alla fine del conflitto potrebbero sembrare, se si accetta la vulgata antifascista su Guadalajara, quantomeno *prodigiose*. Abbiamo visto però come, con tutti i difetti di base, il C.T.V. si era ben battuto negli scontri del marzo 1937, sicuramente meglio degli avversari. Una volta rimossi gli elementi non all'altezza, riorganizzato e con una migliorata logistica, il C.T.V. si era dimostrato in grado di superare avversari e alleati quanto ad efficienza e a combattività, senza che dal marzo '37 a quello del '39 gli italiani subissero più un singolo scacco militare, piccolo o grande che sia. Rispetto a Guadalajara non era certo mutato l'armamento, rimasto quello standard italiano, inferiore a quello avversario (come i fucili mitragliatori, totalmente assenti nell'armamento italiano) tranne che nell'artiglieria; né i combattenti repubblicani erano inferiori a quelli del marzo 1937: in Aragona gli italiani si erano trovati di fronte oltre agli internazionali ed agli uomini del V *Cuerpo d'Ejercito* di Lister, le migliori truppe rosse, anche le truppe regolari dell'*Ejercito Popular*, non miliziani raccogliticci: eppure il migliorato addestramento, il morale più alto, il comando di livello ben diverso da quello del marzo 1937 avevano dato frutti eccellenti. Non è certo sorprendente che una storiografia falsata da ideologie e luoghi comuni preferisca parlare solo del mese che va da Malaga a Guadalajara, e non degli anni successivi, totalmente ignorati, quasi che dopo la battaglia del marzo 1937 il C.T.V. non abbia più combattuto, e che i 17.000 prigionieri di Santander, la conquista della capitale basca di Bilbao, Gerosa, Tortosa, Barcellona (dovuta in massima parte agli italiani) e Alicante contino meno, sulla bilancia della storia, di un modesto scontro sulla strada di Madrid. Eppure quella scritta dal C.T.V. è una pagina di storia militare che onorerebbe qualsiasi esercito, e una delle più ricche di vittorie - e non sono molte - dell'Esercito italiano.

	C.T.V.	Ejercito popular
Battaglia di Guadalajara		
Specchio comparativo delle perdite		
Caduti	453 (574[1])	2.200
Feriti	1.835	4.000
Prigionieri	153	363
Carri armati	3	21[2]
Aerei	6[3]	15[4]

1 - Includendo i dispersi che non risultano tra i prigionieri, molti dei quali da considerare uccisi dopo la resa; 557 secondo Romano Canosa.
2 - Esclusi tre probabili T26B.Secondo fonti sovietiche, il 19 marzo rimanevano efficienti nove carri su sessanta: Radey 2007, p.29.
3 - Tre Fiat CR 32 e tre Romeo Ro.37
4 - Undici caccia, tre bombardieri, un assaltatore.

APPENDICE

ORDINE DI OPERAZIONI
PER L'OFFENSIVA SU GUADALAJARA[160].

Si tratta di un documento fondamentale per la storia della battaglia, che dimostra come il comando del C.T.V. non avesse alcuna intenzione di conquistare Madrid, ma di concerto con la mancata offensiva nazionalista, di isolarla provocandone la caduta solo successivamente.

Comando Truppe Volontarie

Salamanca, 4 marzo 1937

N. 2239

Ordine di operazione n.12

Carta 1: 400.000 (Michelin)

Al Comando Divisione Volontari del Littorio

---

160   Rip. in Rovighi, Stefani, cit.,. I, tomo II, documenti e allegati, doc.24, pp. 269 segg. Nel testo originale a volte talune parole sono riportate con la maiuscola, a volte con la minuscola (Divisione e divisione, Gruppo e gruppo, etc.) e a volte la stessa denominazione compare sia in corsivo che in virgolettato: così è stato qui riprodotto.

Al Comando 1a Divisione Volontari

Al Comando 2a Divisione Volontari

Al Comando 3a Divisione Volontari

Al Comando Artiglieria del C.T.V.

Al Comando Genio del C.T.V.

Al Comando Raggruppamento Reparti Specializzati

Al Comando Aviazione Legionaria

All'Intendenza O.M.S.

e, per conoscenza:

Al Colonnello di S.M. Gelich conte Ferdinando.

Operazioni su Guadalajara

I.

- Il Comando Supremo ha deciso di procedere a fondo contro le forze rosse della regione di Madrid, agendo contro di esse e sulle loro vie di comunicazione, contemporaneamente da sud-ovest e da nord-est.

- L'azione da sud-ovest è affidata alle truppe della "divisione rinforzata Madrid", le quali riprenderanno, dal Rio Jarama verso Alcalà de Henares, l'avanzata recentemente interrotta.

- L'azione da nord-est è affidata alle "Truppe Volontarie" ai miei ordini, le quali muoveranno nella direzione Sigüenza- Guadalajara.

- Altre truppe spagnole, dalla linea Guadarrama-Somosierra- Sigüenza, concorreranno, operando in direzione complessivamente concentrica contro le truppe loro di fronte.

II.

- Il settore assegnato, in primo tempo, alle "Truppe Volontarie" è quello delimitato:

- *a destra: dalla congiungente Mandayona- Almadrones (località comprese)- Rio Badiel- Rio Henares (fino a Guadalajara).*

- *a sinistra: da Rio Tajuña.*

- Immediatamente *a destra di detto settore, e contemporaneamente alle "Truppe*

Volontarie", agirà una colonna spagnola (II Brigata), che procederà sulla rotabile Almazan- Guadalajara.

- *A sinistra del settore in parola non opereranno altre truppe amiche.*

III.

- La situazione delle truppe rosse, secondo notizie pervenute a tutt'oggi, risulta dall'allegato n.1.

IV.

È mio intendimento (nella prima fase dell'azione):

Procedere innanzi per la via e nel tempo più breve, a "botta dritta", per raggiungere il punto in cui presumibilmente potrò agguantare il grosso dell'avversario (Guadalajara), o dal quale, quanto meno, sarò in grado di manovrare contro di esso.

Ne consegue:

a) violenta e rapida rottura delle difese avversarie a cavallo della direttrice Sigüenza-Guadalajara;

b) successiva immediata avanzata di una massa autotrasportata su Guadalajara.

Dispongo:

A) *Azione di rottura*

1- È affidata alla 2a Divisione *Volontari* rinforzata dai reparti seguenti:

- 4° e 5° Gruppo Banderas (meno 1 battaglione del 4° Gruppo) agli ordini del Console De [sic] Francisci

- 3° cp. carri d'assalto

- 1 btr da 20 mm

- XI gr. 75/27 su 3 btr. di 4 pezzi

- VIII gr. 100/17 su 2 btr. di 4 pezzi

- IX gr. 100/17 su 2 btr. di 4 pezzi

- II gr. 149/12 su 2 btr. di 3 pezzi

- 1 pl. artieri con sez. di parco per riattamento stradale.

L'artiglieria divisionale sarà agli ordini del Ten. Col. Pettinari.

La divisione avrà il concorso delle artiglierie a disposizione del C.T.V. di cui in seguito.

2- La divisione agirà a cavallo della rotabile Algora- Guadalajara.

Compito: travolgere la difesa avversaria e portarsi sulla linea Argesilla- Hontanares- Cogollor- Masegoso (linea sulla quale sarà scavalcata dalla 3° Divisione).

3- Modalità dell'attacco:

      a) l'attacco avrà luogo il giorno x;

      b) la divisione scavalcherà le truppe spagnuole in posto alle ore 6, 30 di tale giorno. Dette truppe, una volta scavalcate, saranno ritirate per cura della II Brigata Spagnuola.

      c) L'attacco sarà immediatamente preceduto da un tiro di preparazione, della durata di mezz'ora (dalle ore 7 alle ore 7,30). Gli obbiettivi di detto tiro (lavori difensivi rossi a cavallo della direttrice di marcia) saranno determinati entro il giorno x-1 dal Comandante l'artiglieria del C.T.V. d'accordo col Comandante della 2° Divisione.

      d) Il tiro in parola sarà effettuato dalle artiglierie della divisione e dai gruppi seguenti, dipendenti dal Comandante l'artiglieria di cui sopra:

- X gr. 75/27 su 3 btr. di 4 pezzi

- I e II gr. 100/17 su 2 btr. di 4 pezzi

- I e III gr. 105/28 su 2 btr. di 3 pezzi

- IV gr. 149/12su 2btr. di 3 pezzi.

      La zona di schieramento delle suddette artiglierie sarà a cavallo della rotabile Algora- Guadalajara, mantenendosi sulla sinistra del R. Dulce e a sud- ovest della congiungente Algora- Navalporto.

4- Circa ulteriori compiti assegnati alla divisione, vedasi parte "C".

B) *Avanzata della massa autotrasportata su Guadalajara.*

1- La massa in parola è costituita dalla 3a Divisione Volontari, rinforzata dai reparti seguenti:

        a)   2a cp. carri d'assalto con sez. 1 cp. autoblindomitragliatrici

           1 cp. motomitraglieri

           2a batteria da 20mm.

       1 pl. artieri con sez. di parco per riattamento stradale.

       a disposizione della divisione dalle ore 18 del giorno x-1

       b) X gr. 75/27 su 3 btr. di 4 pezzi

       I gr. 100/17 su 2 btr. di 4 pezzi

       III gr. 105/28 su 2 btr. di 3 pezzi

       IV gr. 149/12su 2btr. di 3 pezzi.

       agli ordini del Ten. Col. Bottari. Passano a disposizione della divisione all'atto in cui essa scavalca la 2a divisione.

2- La divisione, caricata sull'autoraggruppamento a sua disposizione, sarà raccolta, pronta a muovere, tra Torremocha del Campo e Sauca, alle ore 9,30 del giorno X (Comando al Municipio della prima delle suddette località).

3- Su mio ordine la divisione sorpasserà la 2a divisione, puntando su Guadalajara. Suo compito occupare Guadalajara, in condizione di dominare i passaggi su Rio Henares (se possibile mediante testa di ponte sulla riva destra). In tale occupazione- finché non sia raggiunta lateralmente da truppe amiche- tenga ben presente la necessità di guardarsi i fianchi (prevedere offese appoggiate da carri d'assalto armati di cannoni).

4- Nel movimento su Guadalajara, la divisione sfrutterà anche la rotabile Almadrones-Brihuega. Occuperà e manterrà occupata quest'ultima località (a difesa dell'importante passaggio sul Rio Tajuña) sino al momento in cui la truppa incaricata della occupazione sarà sostituita da altra della 2a divisione.

5- Qualora la divisione, prima di raggiungere l'obbiettivo, incontrasse tale resistenza da dover rinunciare all'autotrasporto, il Comando di divisione rimanderà tra Algora e Sauca (per autoreparti ed autosezioni) l'autoraggruppamento a sua disposizione.

I comandanti dei singoli autoreparti od autosezioni, giunti ad Algora, si presenteranno al posto raccolta notizie.

Lo stesso provvedimento (salvo miei ordini specifici in contrario) sarà preso dal Comando della divisione, una volta raggiunto l'obbiettivo.

In un caso e nell'altro, la divisione manterrà a sua disposizione un'autosezione leggera.

C) *Impiego della 2a divisione dopo il suo scavalcamento da parte della 3a.*

1- Appena sorpassata dalla 3a, la 2a divisione si raccoglierà a cavallo della strada Alamadrones-Brihuega, all'altezza di Hontanares.

2- Sino ad ulteriori ordini la divisione provvederà alla protezione del fianco sinistro, mantenendo occupato Masegoso, e sostituendo al più presto, in Brihuega, le truppe della 3° divisione di cui sopra.

Del compito suddetto saranno incaricati il 4° e 5° Gruppo Bandera (meno 1 battaglione del 4°).

D) *Riserva.*

1- E'costituita dalle unità seguenti:

- Divisione "Volontari del Littorio"

- 1a Divisione Volontari

- Un battaglione del 4° gruppo banderas

- 1a e 4a compagnia carri veloci.

2- La Divisione Volontari del Littorio per le ore 12 del giorno X si sposterà nella zona Medinaceli-Alcolea del Pinar. Non dovrà aver oltrepassato con la testa Medinaceli prima delle ore 7.

3- La 1a Divisione Volontari rimarrà concentrata a Sigüenza.

4- Un battaglione del 4° gruppo banderas rimarrà sino a nuovo ordine a Renales.

E) Aeronautica.

(omiss)

F) Genio.

(omiss)

G) Servizi.

(omiss)

H) Comando.

Sede del Quartier Generale ad Arcos dalle ore 18 del giorno x-3.

Posto di Comando ad Algora, dalle ore 6 del giorno X. All'ingresso sud del paese funzionerà un posto raccolta notizie, alla quale devono affluire tutte le comunicazioni.

IL GENERALE DI DIVISIONE

COMANDANTE

Mancini

(Segue all'OdG 2239)

Allegato al lucido complessivo n.1

scala 1:400.000

PROMEMORIA FORZE ROSSE SUI FRONTI

Madrid-Sigüenza

Fronte sud-est di Madrid (Manzanares-Arganda-Morata-Tajuña)

20.000 uomini (ventimila)

XI Brigata internazionale (4 btg.)

XII Brigata internazionale (4 btg.)

XIII Brigata internazionale (4 btg.)

XIV Brigata internazionale (4 btg.)

XV Brigata internazionale (5 btg.)

I Brigata "Campesinos"

V Brigata Carabineros

XIX Brigata

XVII Brigata

XVIII Brigata

XXIII Brigata

XX Brigata

XXII Brigata

XXIV Brigata

LXIX Brigata

Battaglione Spartacus

Battaglione Teruel

Battaglione Lincoln

Fronte nord-ovest di Madrid (da Peralejo a Villaverde)

25.000 uomini (venticinquemila)

8a Divisione (tre brigate)

5 a " (quattro brigate)

7a " (tre brigate)

6a " (tre brigate)

4a " (due brigate)

Fronte di Sigüenza (da Veguillas a Abañades)

da 6 a 7 mila uomini più 3000 uomini

segnalati affluenti da Guadalajara

- Undici battaglioni
- Uno squadrone
- Dieci pezzi di artiglieria.

APPENDICE 2

CADUTI ITALIANI A GUADALAJARA. ELENCO NOMINATIVO.

L'elenco nominativo dei soldati italiani caduti nel corso dell'intero ciclo operativo che va sotto il nome di battaglia di Guadalajara, raccolto con paziente ricerca dal dottor Giampaolo Sorba, nipote della MOVM Giovanni Sorba, tenente degli Arditi della divisione Littorio d'Assalto, che qui ringraziamo sentitamente, costituisce la smentita più importante e decisiva alle cifre altissime sbandierate dalla propaganda repubblicana prima e antifascista poi. È l'elenco più completo sino ad oggi pubblicato.

La cifra corretta era stata pubblicata già nel 1939, come Giampaolo Sorba ha avuto modo di constatare consultando i registri dell'Onorcaduti del Ministero della Difesa relativi al periodo 8- 24 marzo 1937, dunque documenti ufficiali, preparando così il presente elenco di nominativi, da considerarsi definitivo e qui pubblicato per la prima volta[1].

1　　　　Le cifre si trovano in Rovighi II (Doc.) p. 453: Perdite legionarie in data 5 aprile 1939, Guadalajara
　　　　CADUTI 38 ufficiali (11 Esercito e 27 Mil.) e 377 truppa (103 Esercito e 274 Milizia) (totale 415)
　　　　DISPERSI 4 ufficiali (1 Es. e 3 Milizia) e 159 truppa (46 Esercito e 113 Milizia) (tot. 163).
　　　　Totale generale 578 - Siccome a quella data i dispersi erano da considerare come morti, il totale generale è 578 (mi riferisco a quelli fino al 24 marzo compreso). Di questi sono riuscito a identificarne 574 (che forse è il numero esatto). Altri 49 feriti morirono fino al 30 maggio in ospedale (compresi 5 nell' Hospital Militar n. 14 di Madrid). Quanto ai prigionieri, secondo lo Specchio delle perdite a Guadalajara fino al 24 marzo, in Rovighi,Stefani, La partecipazione, cit., I, tomo 2 (Documenti), p. 336, i dispersi sarebbero stati 496. Sottraendo da questa cifra quella dei dispersi definitivi si ottiene il numero 333. Da notare che le ultime cifre del Rovighi, Stefani sono citate in Gelli Fuoco! [1939], p. 61: morti 38 ufficiali e 377 truppa (totale 415); feriti 132 ufficiali e 1.837 truppa (1.969); dispersi 4 ufficiali e 159 truppa (comunicazione del dott. G. Sorba all'Autore in data 5 marzo 2016).

BATTAGLIA DI GUADALAJARA

Elenco dei 436 caduti e 139 dispersi definitivi (D) dall'8 al 24 marzo 1937 compreso: totale 574; la cifra dei dispersi definitivi fu stabilita il 5 aprile 1939. Altri 49 legionari decedettero in ospedale fino al 30 maggio 1937

ABATE Biagio
ABRAMO Domenico
AGOSTA Luigi
AIME Paolo
ALANZI Alderino
ALONZI Pietro
ALTIERI Federico
ALTOMARE Gaetano
ALVINO Giuseppe
AMATO Paolo
AMORE Pietro
AMORE Vero
ANGELONE Eugenio
ANSELMI Attilio (D)
ANSELMI Giuseppe
ANTERO Salvatore
ANTONELLI Arturo
ANTONELLI Pierino
ANTONINI Germano (D)
ANTONIOLI Ippolito
APA Diego
AQUILIA Salvatore (D)
ARCOLINI Luigi
ARDINGHI Alvarez
ARDUINI Francesco
BADOLATO Nicola
BAGNATO Giuseppe
BALBI Vincenzo
BALBONI Lionello (D)
BALDASSARRE Carmine
BALDON Ettore
BALDONI Giuseppe
BALLETTI Giuseppe
BANDINU Efisio (D)
BARBIERI Giuseppe
BARILLARO Arturo
BARONE Nicolò
BARONI Tullio
BARSOTTINI Adolfo
BARTOCCI Antonio (D)
BASTILLO Angelo
BAVOSA Donato
BEATRICE Giovanni

BECCIOLOTTO Evaristo (D)
BELFIGLIO Nicola (D)
BELTRAMI Carlo
BELTRAMO Alessandro
BENETAZZO Luigi (D)
BERGAMASCHI Ettore
BERNASCONI Giulio
BERTELLI Varese
BERTINI Mario
BERTOLI Alessandro (D)
BERTOLINI Romano (D)
BESSI Benso
BIANCHI Bruno
BIANCHI Otello (D)
BIASIO Igino (D)
BIAZZI Giovanni (D)
BIFULCO Giovanni (D)
BINASCHI Arturo
BINOVELLI Emilio
BIRARDA Luigi
BISON Mario
BIZZARRI Sanzio (D)
BOBBIO Ermete
BOCCACCI Ermes
BOGO Nicola
BOLOGNESI Agostino
BOMBOLETTI Amerigo
BONACCI Vito
BONAFINI Bruno
BONFANTI Antonio (D)
BONINI Aldo
BONINSEGNI Edmondo (D)
BONITO Giuseppe
BONTEMPO Giuseppe (D)
BORTOLON Antonio
BOTTIGLIERI Giacomo
BOVIO Pietro Agostino
BRACCI Giuseppe
BRAIDO Andreiano
BRASILE Giuseppe (D)
BRONZI Costante (D)
BUCCIANTE Giuseppe
CACCIIIO Pasquale

CAFAGGI Giorgio
CAFOLLA Semplicio
CAIATI Leonardo
CALAFATO Sebastiano
CALCAGNI Pietro (D)
CALDIROLA Giovanni
CALIUMI Luigi
CAMANDONA Vincenzo (D)
CAMPAGNA Francesco
CANDIO Marcello
CANINO Nicolò
CANNOLO Santo (D)
CANTINI Renato
CAPETTA Emilio
CAPIRCHIO Antonio
CAPIZZI Giuseppe
CAPOCECERA Armando
CAPODILUPO Luigi (D)
CAPORALI Guido
CAPORALI Osvaldo (D)
CAPRIGLIONE Nicola
CAPRILLI Curio
CARADONNA Nicolò
CARDANI Ernesto
CARDI CIGOLI Mario (D)
CARDOSELLI Augusto (D)
CARNELLI Mario (D)
CARRARA Corino
CARULLO Domenico
CARULLO Nicolò
CARUSO Natale
CASELLI Nicola
CASSINELLI Marcello
CASTELLANO Giuseppe (D)
CASTIELLO Achille
CASTORO Domenico
CATALANO Domenico
CAUDA Francesco
CAVALLERI Emilio (D)
CAVANNA Mario
CELANO Michele (D)
CERRONI Antonio (D)
CHESSA Pietro

CHIANESE Manganaro Eliseo
CHIUMELLO Giovanni Battista
CIARLANTI Dario
CIATTI Giuseppe (D)
CIBOTTI Filippo
CICOGNANI Mario
CIFARELLI Angelo
CIPOLLONE Filippo
CIRELLI Luigi
CITTADINO Antonio
CODINI Felice
COLAIACOVO Dionisio
COLASURDO Domenico
COLOMBI Luigi
CONCAS Quirino
CONTI Gregorio (D)
COPPINI Armando
CORBEDDU Giovanni Ignazio
CORBISIERO Pellegrino (D)
CORRIAS Attilio
CORSALE Giuseppe
CORSINOVI Mario
CORTI Priamo
COSENZA Gaspare (D)
COSSU Salvatore
COVIELLO Giuseppe
COZZANI Agostino (D)
CRAVERA Giuseppe (D)
CRICCHI Silla Carmine
CRISAFI Francesco
CRISANTI Vittorio
CUCCHI Pietro
CRISTOFARO Salvatore
D'ALESSANDRO Michele
D'ALIA Giovanni
D'ANDREA Francesco
D'ANDREA Pietro (D)
D'ANDRIA Mario (D)
D'AQUINO Francesco
D'ARGENIO Carmine
D'ONOFRIO Michele (D)
DAMIANO Giuseppe
DAZZI Pacifico
DE BIASE Giovanni
DE COSMIS Gabriele
DE FAZIO Santo
DE NICOLA Donato
DE PAOLA Pasquale (D)
DEL PACE Giovanni (D)
DEL PINO Giuseppe

DEL RIO Torquato
DELGADO Francesco
DELL'ACQUA Arrigo
DELL'AMICO Oddino (D)
DELLA CASA Gaspare (D)
DESTITO Giovanni
DI BATTISTA Raniero (D)
DI CARLANTONIO Mario (D)
DI CURZIO Paolo Giuseppe
DI DOMENICO Paolo
DI GIAMBATTISTA Donato (D)
DI GIULIO Felice (D)
DI GIUSTO Vittorio
DI MAURO Gaetano
DI MELLA Mario (D)
DI PAOLA Giuseppe
DI PROSPERO Alessandro (D)
DI ROSA Angelo
DI ROSA Silvestro
DI SIBIO Mario
DI STEFANO Francesco
DI VIA Salvatore
DILETTI Angelo
DINO GUIDA Luigi
DOMENICONI Ettore
DOMINICI Davide
DONATO Felice (D)
DONFRANCESCO Paolo
DOTTORI Giovanni
DRAGO Furio
EVOLA Giuseppe
FABRIS Azeglio
FACINI Carlo
FARAGALLI Antonio
FARRUGGIO Calogero (D)
FAVATI Mario
FAZIO Antonio
FERRARESI Abramo (D)
FERRARI Amedeo
FERRARI Floreal
FERRARI Mirio
FERRARO Pietro
FERRERO Mario
FERRETTI Giuseppe
FIAMMENI Virginio
FIESCHI Sebastiano Giovanni
FILIPPI Siro (D)
FIORETTI Sesto
FIORINI Pasquale
FORMICA Vincenzo

FOTI Sebastiano
FRANCHI Virgilio
FRANCHINI Amedeo
FRANZA Luigi Alberto
FRATELLI Carmine (D)
FRATTALI Domenico (D)
FRATTINI Severino
FREDDO Ferruccio
FREDIANI Ivaneo
FRENI Giuseppe (D)
FREZZA Aristide
FUCCIA Luigi
FURFARO Domenico (D)
GALDI Michele (D)
GALASSI Dino (D)
GALEAZZI Giovanni
GALEAZZI Vittorio
GALEOTA Domenico
GALISAI Alberto
GALLI Giuseppe (D)
GALLO Nicola
GAMBAROTTO Giovanni
GANCI Andrea
GANDOSSI Luigi
GARDI Arturo
GARFI Annibale
GASBARRO Lino
GEI Giuseppe (D)
GENTILE Berardino
GHILARDI Guglielmo
GIACCHI Giuseppe (D)
GIACOBAZZI Alberto
GIAGNACOVO Olinto
GIANCIPOLI Vito
GIANOLA Carlo
GIANVANNI Amerigo (D)
GIOE' Antonio (D)
GIORGETTI Giovannino
GIOVENI Angelo (D)
GIOVINE Salvatore (D)
GIUDICI Luigi
GIUFFRE' Gennaro
GIULIANI Arturo
GIULIANI Giorgio
GIULIANI Luigi
GOBBETTI Enrico
GOLFETTO Angelo
GORETTI Luigi
GORI Pietro
GOTTUSO Pietro

GRAMELLINI Dandolo
GREGORI Lodovico
GRIGUOLI Salvatore
GRUPPO Ermete
GUADAGNI Assunto
GUERRIERI Salvatore
GUZZI Carlo
ILLUMINATI Gino (D)
ION Battista
IOVENITTI Giuliano
LA VALLE Nicolò (D)
LACONI Francesco
LAGINESTRA Giovanbattista (D)
LASCARI Giovanni
LAZZARETTI Ennio
LAZZARONI Luigi (D)
LAZZERI Azeglio (D)
LEMMA Edmondo
LEONARDI Salvatore
LEONI Francesco
LINGIARDI Alessandro
LIO Quintino
LIPPI Umberto (D)
LISCHETTI Mario (D)
LIUZZI Alberto
LIZZA Ezio
LO PRESTI Filippo
LOLLOBRIGIDA Angelo
LOMBARDI Enrico
LUCARELLI Quirino (D)
LUCCI Antonio
MACALUSO Pasquale
MADRIGALI Tullio
MAFFEZZONI Giuliano
MALAGESI Luigi
MANARA Adelino
MANCA Michele
MANCA Natalino
MANFREDI Paolo (D)
MANGANO Benedetto
MANISCALCO Antonio (D)
MANNINI Umberto Domenico Antonio
MANNOCCHI Cesare (D)
MARANZANA Settimio
MARCHETTI Luigi
MARINAI Virgilio
MARINO Francesco
MARRAS Giovan Maria
MARSILIO Federico

MARTIN Vittorio
MARZARI Cesare
MASI Angelo (D)
MASI Pietro
MASSAGLI Vito
MASSI Attilio
MASTROCOLA Filippo
MATTEDI Carlo (D)
MAUGERI Antonio
MAUROGIOVANNI Domenico
MAZZA Giuseppe
MAZZARELLI Donato
MAZZEI Giuseppe
MAZZITELLI Nazzareno
MAZZOLAI Giuliano (D)
MEDOLAGO Giacomo
MEGALE Domenico
MEGETTO Angelo (D)
MELAS Salvatore
MEMMO Vittorio
MENCI Federico
MEO Ottorino
MEREU Salvatore
MERIGHI Giovanni
MICIELI Domenico
MILUZZO Diego
MINA Mario
MINEO Luigi
MINERVINI Aurelio
MINGOZZI Ignazio (D)
MINO' Fiorenzo
MINZOLINI Mario
MIRABELLO Giuseppe
MODICA Francesco
MONACO Lorenzo (D)
MONFRONI Mario
MONTAGNA Mario
MONTANARI Silvio (D)
MONTICELLI Fiorenzo (D)
MONTUSCHI Lorenzo (D)
MORESCO Emanuele (D)
MORO Enni
MOSCATO Calogero (D)
MOTTA Domenico
MOTTA Mario
MUGELLESI Danilo
MURA Diego
MURGIA Salvatore
MUSSA Giuseppe
MUSSETTI Sperandio

Guglielmo Gius.
NACCI Ezio
NANI Luigi
NASUTI Mario (D)
NAVARRA Pietro
NEZVAL Walter
NICOLAI Antonio
NICOLINI Ugo
NOBILI Renzo
NOCERINO Nicola (D)
NONNE Diego
OBERTI Ippolito (D)
ODDENINO Paolo (D)
ODDO Salvatore (D)
OLIMPO Giuseppe
OLIVINI Antonio (D)
ONOFRI Ugo
ONOR Giuseppe
ORLANDI Luigi
ORLANDO Francesco (D)
ORSI Antonio
ORTU Arcangelo
OTTOLINI Dante (D)
PACCHIONI Andrea
PAGANONI Luigi
PAGLIARO Sestilio (D)
PAGNOZZI Michele (D)
PALA Francesco
PALAZZOLO Salvatore
PALMENTIERI Francesco (D)
PALMIERI Luciano
PANUCCI Rocco
PANZERI Filippo
PAOLETTI Giuseppe
PAOLI Giuseppe
PAOLONI Vincenzo
PARISI Salvatore
PARISI Tommaso
PASINO Secondo
PASSERINI Tommaso
PAULESU Francesco (D)
PEDAGGIO Giuseppe
PELLEGRINI Pietro
PELLEGRINO Felice
PENNUTI Adamo
PETRUCCI Petruccio
PEPE Pietro
PERAZZO Renato (D)
PEZZALI Edoardo (D)
PIANI Alfredo

PIATTI Mario
PIERI Adelmo
PINTORE Giovanni Maria
PINTORI Salvatore
PIRAS Ezio
PIRISI Antonio
PIRO Bruno
PISU Francesco
PITONE Luigi
PIZZOL Egidio
PLACIDI Dante
PODINI Carlo
POLSELLI Edoardo
PORCHEDDU Salvatore (D)
PORRI Dino (D)
POTINI Armando
PRINCI Rocco
PRINCIPESSA Domenico
PRUITI Carmelo
PUCCI Carlo
RADAELLI Teodoro
RADOCCHIA Carmine (D)
RAGNI Cesare
RAMAZZOTTI Ferdinando
RAMEZZANA Edoardo
RAMPINELLI Guglielmo
RANALDI Filiberto (D)
RASA Ignazio
RAUS Pasquale
RAVERA Ezio
RECHICHI Giuseppe
REMORINI Nello Pilade
Valentino
RESTAGNO Pasquale
RIBAUDO Carmelo (D)
RICCARDI Oberdan
RICCI Alberto (D)
RINALDINI Orlando (D)
RISADELLI Ernesto
RISDONNE Ettore
ROMANI Giuseppe
ROSATI Attilio
ROSELLA Luigi
ROSI Francesco
ROSSI Cesare
ROSSI Gino
ROSSI Renato (D)
ROTELLA Enrico (D)
ROVAGNA Guglielmo (D)
RUFFINI Dino

RUFFINI Oreste
RUSTICI Vittorio
RUTA Vincenzo
SABATUCCI Ottavio
SABBADINI Gino (D)
SALANITRO Francesco (D)
SALEMI Antonino
SALVATONI Giovanni Battista
SAMANNA' Mario
SAMPIERI Vincenzo (D)
SAMPIETRO Carlo
SANNA Dante Pietro
SANTANTONIO Giovanni (D)
SAPONARO Casimiro
SAPONE Salvatore
SCAGNET Adolfo
SCALA Angelo (D)
SCALERA Gesualdo
SCALI Spartaco
SCHEMBRI Gian Battista
SCHIAVONE Leonardo
SERAIOCCO Ercole
SERGI Gerolamo (D)
SERRA Francesco (D)
SESTITO Giuseppe (D)
SINIGAGLIA Valentino
SIRICIO Nicola
SORU Giovanni Antonio
SQUILLANTE Angelo
SPADANUDA Giuseppe
SPAGNOLO Giuseppe
SPELTA Amadio
SPERANZA Pasqualino (D)
SPILOTTI Giovanni (D)
SPIRITIGLIOZZI Francesco
STIFFAN Guerrino
STILE Alfonso
STRANEO Ettore
STRINGHINI Luigi
SUGAMELE Filippo
TADDEI Ulisse
TADDEO Beniamino
TALESCO Antonio
TAMBRESONI Manlio
TANCREDI Eduardo
TANESE Innocente
TARDELLI Orlando (D)
TATTINI Emilio
TEMPINI Luigi
TENAGLIA Mario

TEOLI Giuseppe
TEOTINI Giovanni
TERENZI Angelo Maria
TETA Francesco (D)
TETTI Antonio
TIGANO Francesco
TOFANO Angelo
TOGNOCCHI Aladino
TOMASELLI Alfio
TOMASSINI Oreste
TOMMASONE Carlo
TORELLI Augusto (D)
TORTONI Francesco (D)
TOSELLO Giovanni (D)
TOSO Alessandro
TOSO Mario
TOZZO Vito
TRIPOLI Giulio
TROIANI Nicola (D)
TRUSGNAK Giovanni
TUFANO Angelo
TULLO Giuseppe
TUTELLA Antonio
TUZI Orlando
URANIA Michele (D)
URBAN Guglielmo
URRACCI Francesco (D)
VALENTE Giovanni Battista (D)
VALENTI Giuseppe
VALLI Giulio
VARA Onofrio (D)
VASSALOTTI Carmine
VATTOLO Bruno
VAVASSORI Angelo
VEGNI Nabucco (D)
VELLA Innocenzo
VENTURINI Angelo (D)
VENTURINI Ermenegildo
VERALDI Oreste
VERONESI Emanuele
VESPASIANI Achille (D)
VIRGILI Luigi (D)
VIRGILIO Nicola
VIVIANI Lino
ZACCARI Giacomo
ZARA Valentino
ZIGAGLIO Battista (D)
ZURRU Giovannino

1937 Spagna. Guadalajara truppe italiane in marcia

Avanzata delle truppe italiane

Avanzata delle truppe italiane sulle strade battute dalla pioggia

Mitragliere italiano nella battaglia di Guadalajara

Un carro veloce italiano impegnato negli scontri

Truppe italiane appena giunte sul fronte di Guadalajara

Soldati italiani accompagnano un loro ferito

Legionari a Gauadalajara

Prigionieri repubblicani catturati a Guadalajara Spagna 1937

Un pezzo d'artiglieria viene italiano portato in prima linea

Artiglieri italiani con pezzo controcarro

...all'assalto...

Dopo la battaglia. Ernest Hemingway a Guadalajara osserva i corpi di due legionari italiani caduti. "
I boschi di querce e di sterpi a nord est del Palacio de Ibarra, lungo la strada che da Briuhega porta
a Utande, sono pieni di cadaveri italiani che le squadre di becchini non hanno ancora raggiunto. La
traccia dei blindati porta dove sono morti, non da vigliacchi, ma difendendo nidi di mitragliatrice
costruiti con abilità..." (The New York Times, 29 marzo 1937)

Distruzioni dopo la battaglia

FONTI ARCHIVISTICHE

Presso l'archivio dell'Ufficio Storico dello Stato Maggiore dell'Esercito a Roma sono conservate le seguenti fonti documentarie, inclusi i Diari Storici delle unità impiegate nel conflitto:

Repertorio F6 – Fondo *Oltremare Spagna (O.M.S.) 1937- 1939 (337 raccoglitori);*

Repertorio F7– Fondo *Diari Storici O.M.S. 1937-1939 (49 raccoglitori):*

- Divisione *Littorio: dal n. 8 al n.15;*

- Brigata *Dio lo vuole e Brigata Fiamme Nere: nn.16-17;*

- Divisione *Penne Nere: n. 19;*

- Divisione *Fiamme Nere- 23 Marzo: nn.20-23;*

- Reparti delle *Frecce: nn. 34-49;*

- Reparti vari (*banderas, battaglioni e compagnie): nn.34-49;*

Repertorio F8- Fondo *O.M.S. Gabinetto 1936- 1937 (49 raccoglitori);*

Registro Circolari M7, *Carteggio Ministero della Guerra- Gabinetto O.M.S. 196-1939 (20 raccoglitori senza registro, numerati da 150 a 170).*

BIBLIOGRAFIA

AAVV 1962, *Milizia Armata di Popolo, Roma.*

AAVV 1968, *Grandes batallas de la guerra de España, Barcellona.*

A. Albanese, s.d., *Nella bufera spagnola con le Camicie Nere della «Divisione d'assalto Littorio», Firenze.*

J.L. Alcofar Nassaes, 1971, *Los asesores sovieticos en la guerra civil española, Barcelona.*

J.L. Alcofar Nassaes, 1972, *CTV. Los legionarios italianos en la guerra civil española 1936-1939, Barcelona .*

J.L. Alcofar Nassaes, 1976, *La aviaciòn legionaria en la guerra civil española, Barcelona.*

S. Ales e A.Viotti 2004, *Le uniformi e i distintivi del Corpo Truppe Italiane in Spagna 1936-1939, Roma.*

M. Alpert, 1989, *El Ejército republicano en la guerra civil, Madrid.*

C. Andrew, O. Gordiewskij, 1991, *KGB. The Inside Story of Foreign Operation from Lenin to Gorbaciov,* New York (tr.it. Milano 1993).

G. Artieri, 1995, *Le guerre dimenticate di Mussolini. Etiopia e Spagna, Milano.*

S. Astolfi, 1940, *Da Malaga a Guadalajara. Appunti di un legionario, Bologna .*

M. Aznar, 1958- 1963, *Historia Militar de la Guerra de España, Madrid.*

U. Barlozzetti, A. Pirella, 1986, *Mezzi dell'esercito italiano 1935- 1945, Firenze.*

M. Bassi, 1940, *Da Cadice ai Pirenei. Taccuino di guerra di un legionario, Firenze.*

A. Beevor, *The Battle for Spain: The Spanish Civil War (1936-1939),* London 2001 2a (trad. it. Milano 2006).

C. Blanco Escolà, 1993, *Franco y Rojo. Dos generales para dos Españas, Barcelona.*

F. Bonezzi, 2006, *Il diario del nonno fascista (a cura di R. Bonezzi), Roma.*

A. Bonaccorsi, 1958, *Guerra civile spagnola 1936-1939,* in AA.VV., *La grande proletaria,* Centro Editoriale Nazionale, Roma, pp. 435-509.

G. Bottai, 1989, *Diario 1935- 1944 (a cura di G. B. Guerri), Milano.*

O. Bovio 1999, *In alto la bandiera. Storia del Regio Esercito, Foggia.*

J. M. Bueno, 1997, *Uniformes Militares de la Guerra Civil Española, Madrid.*

B. Bolloten., 1961, *The Great Camouflage. The Communist Conspiration in Spain 1936-1939*, London (tr.it. Roma 1966).

G. Bucciante 1987, *I generali della dittatura, Milano.*

R. Canosa, 2008, *Mussolini e Franco. Amici, alleati, rivali: vita parallela di due dittatori, Milano.*

R. Cantalupo, 1948, *Fu la Spagna, Milano.*

A. Castells, 1974, *Las Brigadas internacionales de la guerra de España, Barcelona.*

L. Ceva, 1993, *Ripensare Guadalajara, in «Italia contemporanea», 192, pp. 473-486*

E. Chiappa 2003, *C.T.V. - Il Corpo Truppe Volontarie Italiano durante la Guerra Civile Spagnola 1936-1939, Milano*

L. Chiodini, 1966, *Roma o Mosca. Storia della guerra civile spagnola, Roma.*

G. Ciano 1990, *Diario 1937- 1943 (a cura di R. De Felice), Milano.*

O. Conforti, 1967, *Guadalajara. La prima sconfitta del fascismo, Milano.*

R. Conquest, 1968, *The Great Terror*, London (tr. it. Milano 1999).

M. Cordedda, 1983, *Guerra di Spagna. 100/17, alzo zero, Roma* .

P. Corti, A. Pizarroso Quintero,1993, *Giornali contro. «Il Legionario» e «Il Garibaldino». La propaganda degli italiani nella guerra di Spagna, Alessandria* .

F. Coverdale 1973, *I Fascisti italiani alla Guerra di Spagna, tr.it. Roma- Bari.*

S. Corvaja 1982, *Mussolini nella tana del lupo, Milano.*

P. Crociani, P.P. Battistelli, 2010, *Italian Blackshirt 1935- 1945,* Oxford.

F.W. Deakin 1962, *The Brutal Friendship. Mussolini, Hitler and the Fall of Italian Fascism*, London (tr. it. in 2 voll., Torino 1990).

C. De Arce, 1975, *Los generales de Franco, Barcelona.*

C. De Arce, 1981, *Militares republicanos de la guerra de España, Barcelona.*

R. De Felice 1981, *Mussolini il duce. II Lo Stato totalitario 1936- 1940, Torino* .

J. L. De Mesa, 1994, *El regreso de las legiones. La ayuda militar italiana a la España nacional, 1936–1939, Granada.*

E. Faldella, 1939, *Venti mesi di guerra in Spagna, Firenze*

G. Gambara, 1957, *L'ultima parola sulla guerra di Spagna, in «Il Tempo», 1, 8, 22, 29 agosto, 5 e 12 settembre 1957*.

R. Garriga, 1974, *Guadalajara y sus consecuencias, Madrid*

M. Garofolo, P. Langella, A. Miele 1997, *I Bersaglieri. Le origini l'epopea e la gloria, Udine,*

L. Gelli, 1991, *«fuoco» Cronache legionarie della insurrezione antibolscevica di Spagna, Roma.*

L. Gelli, A. Lenoci 1995, *Dossier Spagna. Gli italiani nella guerra civile (1936-1939), Bari 1995*

M. Griner 2006, *I ragazzi del '36 - L'avventura dei fascisti italiani nella Guerra Civile Spagnola, Milano.*

C. Hall, 1996, *Revolutionary Warfare: Spain 1936- 1937*, Upton.

H. Hidalgo Salazar, 1975, *Ayuda Alemana a España 1936- 1939, Madrid.*

L. Incisa, 1941, *Spagna nazional-sindacalista, Bologna* .

A.Kolpakidi, *La barricata spagnola (1936- 1939) in S. Bertelli, F. Bigazzi (curr.) 2001, P.C.I., la storia dimenticata, Milano.*

D. Lajolo, 1981, *Il «voltagabbana», Milano.*

D. Lajolo, 1939, *Bocche di donne e di fucili, , Osimo.*

M. Lazzarini, 1994, *Italiani nella Guerra di Spagna, Campobasso.*

V. Lilli, 1988, *Racconti di una guerra, Palermo.*

E. Líster, 1968, *Con il 5° reggimento, tr.it. Roma* .

R. Lodoli, 1939, *Domani posso morire: storie di arditi e fanti legionari, Roma.*

R. Lodoli 1989, *I Volontari. Spagna 1936- 1939, Roma.*

E. Lucas, G. De Vecchi 1976, *Storia delle unità combattenti della M.V.S.N., Roma.*

E. Malizia, 1986, *Ali nella tragedia di Spagna, Modena.*

J. M. Martinez Bande, 1976, *Frente de Madrid ,Barcelona.*

J. M. Martinez Bande, 1982, *La marcha sobre Madrid, Servicio Historico Militar, Monografias de la Guerra de España, 1, Madrid.*

J. M. Martinez Bande, 1984, *La lucha en torno a Madrid en el invierno de 1936- 1937, Servicio Historico Militar, Monografias de la Guerra de España, 2, Madrid.*

D. Mack Smith, 1976, *Le guerre del Duce, tr. it. Roma - Bari.*

M. Mazzetti, 1974, *La politica militare italiana fra le due guerre mondiali (1918- 1940), Salerno.*

S. Mensurati, 1994, *Il bombardamento di Guernica. La verità tra due leggende, Roma .*

R. Mieli, 1988, *Togliatti 1937. Le responsabilità del leader del P.C.I. nel terrore staliniano, Milano.*

L. Mosca, 1941, *Camicie nere a Guadalajara, Partenope, Napoli*

D. Vaquero Peláez 2007, *Credere, Obbedire, Combattere - Fascistas italianos en la Guerra Civil española, Zaragoza.*

A. Petacco, 1996, *Viva la Muerte, Milano.*

G. Pini, D. Susmel 1973, *Mussolini l'uomo e l'opera, 4 voll, , IV^a ed. Firenze.*

F. Odetti di Marcorengo, 1940, *Trenta mesi nel Tercio, Roma.*

F. Olaya Morales, 1990, *La intervención extranjera en la guerra civil, Ediciones, Móstoles*

C. Penchienati, 1950, *Brigate internazionali. I delitti della Ceka in Spagna*, Milano.

C. Penchienati, 1965, *I giustiziati accusano: Brigate internazionali in Spagna*, Roma.

A. Petacco, 2006, ¡Viva la muerte! Mito e realtà della guerra civile spagnola, 1936- 1939, Milano.

F. Pederiali, 1989, *Guerra di Spagna e Aviazione Italiana, Pinerolo (2a ed. Roma 1992).*

S. Piazzoni, 1939, *Le «Frecce Nere» nella guerra di Spagna (1937-39), Roma .*

P. Preston, 1997, *Francisco Franco. La lunga vita del caudillo, tr. it., Milano.*

P. Preston, 1999, *La guerra civile spagnola (1936-1939), tr.it. Milano 1999*

P. Preston, 2002, *Le tre Spagne del '36. La guerra civile spagnola attraverso i suoi protagonisti, tr.it., Milano.*

J. Radey, 2007, *Guadalajara. No Pasaran*, in *Against the Odds Annual* 2007.

R. Radosh, M. R. Habek, Georgi Sevostyanov (curr.) 2001, *Spain Betrayed: The Soviet Union in the Spanish Civil War*, Yale

P. Rapalino, 2007, *La Regia Marina in Spagna 1936-1939, Milano.*

J. M. Ravetto, 1996. *Uniformes Italianos de la Guerra Civil Española : distintivos, emblemas y condecoraciones, Madrid.*

C. Razeto, 2015, "Guadalajara. Scacco a Mussolini", in BBC History, *Le grandi battaglie. Gli italiani in guerra dal Risorgimento all'Iraq*, Milano.

I. Recalde, 2011, *Los submarinos italianos de Mallorca y el bloqueo clandestino a la República (1936-1938)*, Palma de Mallorca.

E. von Rintelen 1947, *Mussolini l'alleato*, Roma.

V. Rojo, 1987, *Así fue la defensa de Madrid*, Madrid.

P. Romeo di Colloredo 2008, *Passo Uarieu. Le Termopili delle Camicie Nere in Etiopia*, Genova.

P. Romeo di Colloredo 2008a, *Emme rossa! Le Camicie Nere in Russia 1941- 1943*, Genova.

P. Romeo di Colloredo 2009, *I Pretoriani di Mussolini. Storia militare della Milizia Volontaria per la Sicurezza Nazionale*, Roma.

P. Romeo di Colloredo 2009a, *I Pilastri del Romano Impero. Le Camicie Nere in Africa Orientale 1935- 1936*, Genova.

P. Romeo di Colloredo 2012, *Frecce Nere! Le Camicie Nere in Spagna 1936- 1939*, Genova

F. Reggiani 1997, *Storia dei Bersaglieri d'Italia*, Milano.

A. Roncuzzi 1992, *La otra frontera. Un requeté italiano de la España en lucha*, Madrid.

G. Rosignoli 1995, *M.V.S.N.. Storia, organizzazione, uniformi e distintivi*, Parma.

Rovighi, F. Stefani 1992, *La partecipazione Italiana alla guerra civile spagnola (1936- 1939)*, I, Roma.

A. Santamaria, 1965, *Operazione Spagna (1936-1939)*, Roma.

R. Segàla, 1938, *Trincee di Spagna. Con i legionari alla difesa della civiltà*, Milano.

I. Saz Campos, J. Tusell, (curr.), 1981, *Fascistas en España: la intervención italiana en la Guerra Civil a través de los telegramas de la «Missione Militare Italiana in Spagna» (15 diciembre 1936-31 marzo 1937)*, Madrid.

Viva la muerte: legionari italiani nella guerra di Spagna, Roma 1954

Volontari dell'esercito nella guerra di Spagna, Milano 1939

N. G. Usai, 1939, *Legionari e arditi in Terra di Spagna*, Roma.

J. Whittam 1977, *The Politics of the Italian Army*, London (tr.it. Milano 1979).

R. Zangrandi, 1939, *Il comunismo nel conflitto spagnolo*, Firenze

ABBREVIAZIONI

CEDA	Confederación española de derechas autonomas
CCNN	Camicie Nere
CNT	Confederaciòn Nacionàl de Trabajo
CTV	Corpo Truppe Volontarie
FAI	Federaciòn Anarquista Iberica
GRU	Glavnoe Razvedyvatel'noe Upravlenie
JONS	Juntas de Ofensiva Nacionál Sindicalista
MAE	Ministero degli Affari Esteri
MMIS	Missione Militare Italiana in Spagna
MVSN	Milizia Volontaria per la Sicurezza Nazionale
NKVD	Narodnij Kommisariat Vnutrennik Del
OMS	Oltre Mare Spagna
OVRA	Opera Volontaria Repressione Antifascismo
PCE	Partido Comunista de España
PCI	Partito Comunista Italiano
PCUS	Partito Comunista dell'Unione Sovietica
PNF	Partito Nazionale Fascista
PSI	Partito Socialista Italiano
POUM	Partido Obriero de Unificaciòn Marxista
SPD	Segreteria particolare del Duce
UGT	Unión General de Trabajadores
UME	Unión Militar Española
USSME	Ufficio Storico Stato Maggiore Esercito

www.ingramcontent.com/pod-product-compliance
Lightning Source LLC
Chambersburg PA
CBHW081700120626

46550CB00010B/2967